W0414172

Langenscheidt Grammatiktraining

Französisch

Übungen zu allen wichtigen Grammatikthemen

von Michelle Cahuzac und
Christine Stefaner-Contis

Langenscheidt

Herausgegeben von der Langenscheidt-Redaktion

Lektorat: Barbara Holle, Dr. Olga Balboa
Layout: Ute Weber
Überarbeitung: Dr. Christiane Wirth und Torsten Lasse

www.langenscheidt.com

Druck und Bindung: Multiprint GmbH, Kostinbrod

ISBN 978-3-12-563525-8

Vorwort

Im **Grammatiktraining Französisch** von Langenscheidt finden Sie **mehr als 150 Übungen** zu den wichtigsten Themen der französischen Grammatik, wie z. B. der **Verneinung, dem Gebrauch der Vergangenheitsformen (Passé composé, Imparfait *usw.*)** oder **dem Subjonctif**.
Das **Grammatiktraining Französisch** eignet sich gleichermaßen für Anfänger und Anfängerinnen sowie Fortgeschrittene. Sie können es zum Lernen oder zum Auffrischen benutzen und so Ihr Französisch perfektionieren.

Die Übungen wurden speziell auf die Bedürfnisse von Deutschsprachigen zugeschnitten. Der übersichtliche Aufbau und die zweifarbige Gestaltung ermöglichen eine schnelle Orientierung. Da die Beispielsätze auf der französischen **Alltagssprache** und einem **einfachen Wortschatz** basieren, bleibt Ihnen mühsames Nachschlagen schwieriger Vokabeln erspart.
Die Übungen selbst sind in drei Schwierigkeitsgrade eingeteilt:
* = leicht, ** = mittel, *** = anspruchsvoll. Sie sind so angelegt, dass Sie sie **schriftlich im Buch** lösen und mithilfe des **Lösungsschlüssels** sofort kontrollieren können. Dadurch ist das Buch besonders geeignet für das **Selbststudium**.

Und nun wünschen wir Ihnen viel Spaß beim Grammatiktraining!

Die Autorinnen und die Langenscheidt-Redaktion

Inhaltsverzeichnis

1 Das Substantiv

1. Bilden Sie die weibliche Form dieser Substantive. ★★

1. un acteur .... une
2. un coiffeur ....
3. un boucher ....
4. un Suisse ....
5. un skieur ....
6. un Canadien ....
7. un géant ....
8. un mécanicien ....
9. un cousin ....

2. Wie heißt „sie“? ★★

1. un chat .... une
2. un coq ....
3. un cheval ....
4. un lapin ....
5. un loup ....
6. un lion ....
7. un chien ....
8. un ogre ....
9. un sorcier ....
10. un bœuf ....

3. Welches Wort tanzt hier im Hinblick auf das Genus aus der Reihe? ★★

1. valise	voyage	sac	ticket	avion
2. mer	sable	moule	vague	plage
3. ski	chalet	sommet	télésiège	montagne
4. promenade	escalade	excursion	repos	campagne
5. bureau	réunion	travail	dossier	ordinateur

4. ***Un ou une ?* Ordnen Sie die Wörter dem richtigen unbestimmten Artikel zu.** ★

cadeau ✔ pause addition musée livre bâtiment peur qualité
fauteuil sonnette journal journée collage

un *cadeau,* ...

une ...

5. Bilden Sie den Plural. ★★

1. une lampe *des lampes*
2. une fleur ...
3. un appartement ...
4. un travail ...
5. un château ...
6. un bijou ...
7. un sou ...
8. un métal ...
9. un prix ...
10. un vœu ...

6. Setzen Sie die Sätze in den Plural. ★★★

1. Dans le sac, il y a : un porte-monnaie, un porte-clés, un mouchoir, un stylo à bille et un crayon.

   Dans les sacs, il y a : des porte-monnaie, …

   ...

2. Dans le jardin, il y a : une table de jardin, une chaise longue et un parasol.

   ...

   ...

3. Sur la table, il y a : une bouteille de vin, un tire-bouchon, un verre et une corbeille à pain.

   ...

   ...

7. Setzen Sie die Substantive in den Singular.

– Regardez ce que j'apporte : des paquets de gâteaux, des salades de fruits, des bouteilles de Bourgogne et des bouteilles d'eau minérale !

– Et moi, des côtelettes, des saucisses et des baguettes.

– Moi, j'ai des cuisses de poulet et des quiches. Mais voilà Stéphane avec des salades vertes, des sauces bien épicées et des packs de bière.

– Moi, j'ai pensé au plus important : deux paquets de charbon de bois et deux boîtes d'allumettes. Allez, la fête peut commencer.

– *Regardez ce que j'apporte : un paquet de gâteaux, …*

–

–

–

2 Der Artikel

1. Ergänzen Sie den richtigen unbestimmten Artikel. ★★

un garçon	.... direction	.... cartes postales
.... jardin	.... baguette	.... lettre
.... maison	.... saucisses	.... livres
.... enfants	.... appartement	.... dictionnaire

2. Setzen Sie den richtigen bestimmten Artikel ein. ★★

la campagne	.... jeux vidéos	.... cinéma
.... villes	.... romans d'amour	.... solitude
.... mer	.... vie	.... opéra
.... montagne	.... boxe	.... musique
.... bruit	.... mathématiques	.... sport
.... lecture	.... bandes dessinées	.... jazz
.... voyages	.... romans policiers	.... films de science-fiction

3. Vervollständigen Sie nun die folgenden Sätze mit den in Übung 2 vorgegebenen Substantiven. Die Sätze 1-3 können Sie nach Ihren eigenen Vorlieben bzw. Vorstellungen ergänzen. ★

1. J'adore ....
2. J'aime bien .... , mais je préfère ....
3. Je déteste ....
4. .... forment le caractère.
5. .... rend malade.
6. .... calme les esprits.

4. Ergänzen Sie die folgenden Sätze. ★★★

1. Il va au ………… travail et moi ………… bibliothèque.
2. Nous allons ………… cinéma.
3. Où allez-vous cette année, ………… montagne ou ………… mer ?
4. Je reviens ………… Portugal. J'ai rapporté ………… Porto* et ………… assiettes en céramique.
5. Il rentre ………… hôpital et il doit faire ………… gymnastique.
6. ………… dimanche, mon mari joue ………… football et moi, je joue ………… échecs*.

5. Setzen Sie – wo nötig – den bestimmten Artikel ein. ★★★

1. J'aime beaucoup ………… voyages.
2. J'ai visité ………… Chine, ………… Russie, ………… Maroc et ………… Cuba.
3. En général, ………… matin, je me lève vers 9 heures.
4. Aujourd'hui, je reste ………… lit.
5. J'ai mal à ………… tête, à ………… gorge et ………… dos.
6. Il est enrhumé, il a ………… nez qui coule et ………… yeux rouges.

6. Sie feiern Geburtstag mit Ihren Bürokollegen. Was brauchen Sie? Ergänzen Sie die fehlenden Artikel. ★★

Il vous faut:

- ………… eau minérale
- 2 bouteilles ………… vin
- 1 paquet ………… chips
- un peu ………… saucisson
- ………… quiche ………… poireaux
- ………… pain
- ………… demi-livre ………… beurre
- ………… gâteau ………… chocolat
- 300 g ………… emmental
- ………… bon camembert

* **le Porto** der Portwein; **les échecs** (m.) das Schachspiel

7. Übersetzen Sie die folgenden Sätze. ★★★

1. Morgens trinke ich Tee mit Milch und Zucker.

   ....

2. Er hat Glück, er fährt nach Kanada.

   ....

3. Diese kleine Stadt hat keine Kinos mehr.

   ....

4. Im Sommer fahre* ich Fahrrad, im Winter fahre* ich Ski und mache Gymnastik.

   ....

5. Die neue Werbekampagne hat keinen Erfolg.

   ....

6. Ich mag Hunde nicht, ich habe lieber Katzen!

   ....

8. Ergänzen Sie die folgenden Sätze mit dem passenden Teilungsartikel (*du, des, de la* usw.). ★★

1. Hier j'ai mangé .... poulet avec .... frites.
2. Il n'y a plus .... glace, prenez .... compote.
3. J'ai acheté trois bouteilles .... vin et .... chips.
4. — Je ne bois jamais .... vin.

   — Mais ce n'est pas .... vin, c'est .... champagne !
5. Je voudrais .... papier, ... crayons de couleurs et .... colle.
6. Je prends trois tranches .... jambon et .... pâté.
7. Nous prenons toujours .... essence sans plomb.
8. Matin et soir, vous prendrez deux comprimés .... médicament que je vous prescris*.

* fahren *hier:* **faire**; **prescrire** verschreiben

9. Ein Journalist befragt einen Kinostar. Vervollständigen Sie den Dialog. ★★★

— À quoi vous intéressez-vous en dehors du cinéma ?

— Je m'intéresse au .... théâtre et .... ① art dramatique, ... ② sport mais aussi .... ③ politique, je lis .... ④ journaux et je regarde .... ⑤ télévision.

— Est-ce que vous vous intéressez .... ⑥ mode ?

— Oui, beaucoup, j'assiste régulièrement .... ⑦ défilés des grands couturiers.

— Vous venez de rentrer en France. D'où venez-vous ?

— Je viens .... ⑧ États-Unis. Je reste en France quelques mois et je repars pour .... ⑨ Canada.

— Quels sont vos projets ?

— D'abord, me reposer. Ce soir, je vais .... ⑩ première de la nouvelle pièce de mon ami Berliet. .... ⑪ semaine prochaine, je ne manquerai* pas d'aller .... ⑫ Stade de France pour encourager .... ⑬ équipe de France qui joue contre .... ⑭ Pays-Bas.

* **manquer** *hier:* versäumen

10. Drei Personen bekommen den gleichen Fragebogen. Vervollständigen Sie die Antworten. ★★★

Question 1 : Quels sont vos loisirs préférés ?

Personne A

« Jouer .... tennis avec .... amis, lire .... journal "l'Équipe". Regarder .... bon film .... télé ou aller .... cinéma. » ①

Personne B

« .... politique surtout. En plus, je fais .... sport, ... natation. Je vais .... concert et je lis aussi beaucoup .... ouvrages historiques. » ②

Personne C

« .... théâtre, j'assiste toujours .... premières. Quand j'ai le temps, je fais .... bricolage et j'adore m'occuper .... mes plantes. » ③

Question 2 : Qu'avez-vous de plus précieux ?

Personne A

« .... très belle voiture .... sport, ... bons copains et .... équipe qui m'encourage. » ④

Personne B

« .... enfants en pleine forme et .... amis fidèles. » ⑤

Personne C

« .... associé fidèle, ... entreprise qui marche bien et .... famille que j'aime. » ⑥

Question 3 : Si vous étiez ministre, quel ministère aimeriez-vous occuper ?

Personne A

« J'aimerais être ministre .... Sports et .... Jeunesse. » ⑦

Personne B

« J'aimerais être ministre .... Intérieur ou .... Justice. » ⑧

Personne C

« Je serais ministre .... Finances ou .... Économie. » ⑨

Question 4 : Quelle est votre plus grande qualité ?

Personne A

« J'ai .... esprit .... équipe et beaucoup .... énergie. » ⑩

Personne B

« J'ai .... audace, ... humour. » ⑪

Personne C

« J'ai .... imagination, ... patience et .... courage. » ⑫

Question 5 : Quel est votre plus grand défaut ?

Personne A

« Je n'ai pas .... patience. » ⑬

Personne B

« J'aime trop .... bonnes choses. » ⑭

Personne C

« Je passe trop .... heures au téléphone. » ⑮

3 Die Personalpronomen

1. Wer sagt was? Setzen Sie das richtige Pronomen ein! ★

1. Je suis né le 20 janvier.
2. J' habite en Allemagne, mais l'année prochaine je vais vivre à Marseille.
3. Pierre et Marie se marient. Ils partent en voyage de noces à New York.
4. Bonjour Monsieur, vous désirez ?
5. Dépêchez-Ils les enfants, nous sommes en retard. .... êtes prêts ? Alors, ... s'en va !
6. Reviens tout de suite, Christophe ! .... as oublié ton cartable*.
7. Chérie, ... ai invité tous mes collègues de bureau à diner : .... y aura Évelyne, Marie, Michelle, Françoise, Sylvie, Élodie et Christian. .... arriveront à 8 heures.
8. Mon chat mange du Miam-Miam tous les jours. .... adore ça !
9. Ma voiture est en panne, ... est au garage.
10. Les nouvelles sont mauvaises, ... sont même très alarmantes.

2. Vervollständigen Sie die Sätze mit dem richtigen Pronomen. ★★

moi toi soi lui elle nous vous eux elles

1. Venez nous voir demain. Nous serons chez ....
2. Madame Durant, ... , elle sort beaucoup, tandis que son mari, ... , il est plutôt casanier.
3. Et .... , qu'est-ce que je vais faire ?
4. Chacun doit rester chez .... pendant le couvre-feu.
5. Monsieur Dugarry, il n'y a pas de courrier pour .... , ce matin.

* **le cartable** der Schulranzen

6. — Tu n'as pas oublié les enfants au moins ?

   — Non, j'ai pensé à .... Je leur rapporte plein de cadeaux.
7. Tu vas faire du parapente ? Alors fais bien attention à .... !
8. Mes sœurs sont mes meilleures amies : je tiens beaucoup à ....

3. *Le pronom tonique*. Das betonte Personalpronomen. Suchen Sie das passende Satzende bzw. die passende Antwort. ★★

1. Tu viens
2. La directrice fête son départ,
3 Vos voisins sont absents ?
4. Je n'irai pas
5. C'est un bon entraîneur, s'ils gagnent,
6. — La nouvelle directrice, c'est qui ?
7. Elles sont marrantes !
8. — C'est mon tour ?
9. Ces enfants sont adorables.
10. On rentrera sûrement tard.

a) — Oui, c'est à vous !
b) Je veux bien m'occuper d'eux.
c) c'est grâce à lui.
d) avec moi faire les courses ?
e) — Celle qui est assis à côté du consul.
f) J'ai un colis pour eux.
g) nous avons un cadeau pour elle.
h) sans toi.
i) C'est agréable de sortir avec elles !
j) Dinez sans nous !

4 Auf der Postkarte hat der Regen viele Personal- und Reflexivpronomen verwischt. Setzen Sie sie wieder ein. ★★

Chère Laure,

Ici, c'est la belle vie ! Je .... lève tard et je .... couche tôt (le matin !). Avec Stef, nous .... régalons de bouillabaisse. J'espère que mes plantes ne .... donnent pas trop de travail mais que tu .... soignes bien. Repose-.................... quand même un peu.

Je .... embrasse,

Aurélie

5. Setzen Sie die folgenden reflexiven Verben in den Imperativ und entscheiden Sie, wo die Pronomen zu platzieren sind. Vergessen Sie gegebenenfalls auch den Bindestrich nicht! ★

1. se lever : .... lève .... , il est l'heure.
2. se laver : .... lave .... les mains !
3. s'entraîner : Pour réussir, ... entraînez .... régulièrement.
4. se promener : .... promenons .... dans les bois.
5. s'asseoir : .... asseyez .... , je vous en prie !
6. s'amuser : Bonne soirée, ... amuse .... bien !
7. se servir : .... servez .... pendant que c'est chaud !
8. se dépêcher : .... dépêche .... , tu vas être en retard !
9. se taire : Chut ! .... taisez .... !

6. Wiederholen Sie das Gleiche nun noch einmal mit den folgenden Warnungen und Verboten. ★

1. se disputer : Ne .... disputez .... pas, les enfants !
2. se doper : Si tu veux faire du sport de compétition, ne .... dope .... pas.
3. se baigner : Ne .... baignons .... pas, il y a trop de courant*.
4. s'enrhumer*: Ne .... enrhume .... pas avant de partir en vacances.
5. s'occuper*: Ne .... occupez .... pas de ça, c'est mon affaire.
6. s'éloigner : Prudence, ne .... éloignez .... pas des pistes balisées !
7. s'asseoir : Peinture fraîche*: Prière de ne pas .... asseoir .... !
8. se dépêcher : Ce n'est pas la peine de .... dépêcher .... ! Nous sommes en avance.

* **le courant** Strom, Strömung; **s'enrhumer** sich erkälten; **s'occuper** sich kümmern; **peinture fraîche** frisch gestrichen

7. Ergänzen Sie die folgenden Fragen mit den Personalpronomen *me, te, nous, vous.* ★

1. — Vous .... téléphonez quand ?/Quand .... téléphonez-vous ?

   — Je vous téléphone ce soir.

2. — Tu .... envoies les papiers quand ?/Quand .... envoies-tu les papiers ?

   — Je t'envoie les papiers demain sans faute.

3. — Est-ce que vous pouvez .... présenter au directeur ?

   — Bien sûr ! Venez, je vais vous présenter.

4. — Qu'est-ce qu'il .... a dit ?

   — Il m'a dit de venir à midi.

5. — Où .... retrouvons-nous ?/Où est-ce qu'on .... retrouve ?

   — Devant le bar du Centre. Tu sais où c'est ?

6. — Qui .... a aidé à remplir le formulaire ?

   — C'est l'assistante sociale qui nous a aidé.

7. — Est-ce que l'exposition .... a plu ?

   — Non, je n'ai pas tellement aimé.

8. *Le, la, l'* oder *les*? Beantworten Sie die Fragen und setzen Sie das richtige Pronomen ein. ★

1. — Vous prenez le train à quelle heure ?

   — Je .... prends à 10h33.

2. Où sont mes clés ? Je ne .... trouve pas.

3. — Vous promenez souvent votre chien ?

   — Je .... promène trois fois par jour.

4. — Tu vois ta sœur ce soir ?

   — Non, je .... vois demain soir.

5. Où sont les enfants ? Je ne .... entends pas.

9. Verneinen Sie die Fragen und ersetzen Sie die unterstrichenen Wörter durch das richtige Pronomen. ★★★

1. — Vous avez <u>votre billet</u> ?

   — Non, je ....

2. — Tu invites <u>tes parents</u> à ton anniversaire ?

   — Non, je ....

3. — Tes enfants prennent <u>le bus</u> pour aller à l'école ?

   — Non, ils ....

4. — Puisque* tu prends la voiture, est-ce que tu peux emmener <u>Mathieu</u> ?

   — Non, je ....

5. — Vous connaissez <u>Claire Dubois</u> ? C'est une jeune actrice qui a beaucoup de talent.

   — Non, je .... D'ailleurs, je ne vais jamais au cinéma.

10. Übersetzen Sie die folgenden Sätze. ★★★

1. Kannst du mir helfen?
2. Ich kann Ihnen nicht helfen.
3. Könnten Sie ihm sagen, dass ich mit ihm sprechen will?
4. Schreiben Sie ihnen nicht. Wir werden sie heute Abend anrufen.
5. Ich habe jeden Tag an dich gedacht.
6. Beeilen Sie sich!
7. Wir können nicht auf Sie warten.
8. Der Journalist hat sich an sie gewandt.
9. Ich werde sie fragen, ob sie mit uns kommen will.
10. Tu es nicht!

* **puisque** da

11. Was ist passiert? Die Antworten sind ein wenig durcheinandergeraten! Bringen Sie die Sätze wieder in die richtige Reihenfolge. ★★

1. — Vous avez écouté le discours du président ?

   — Oui, - à - nous - la - avons écouté - radio - le

   ....

2. — Est-ce que vous avez appelé le docteur ?

   — Non, - encore - le - je - pas - ai - appelé - ne

   ....

3. — Tu as rencontré la femme de Gilles ? Elle avait l'air triste.

   — Oui, - la - ai rencontrée - je - mais - riait - elle

   ....

4. — Vous ne m'avez pas communiqué les résultats des courses ?

   — Mais si, Monsieur, - à - avons communiqués - nous - secrétaire - les - votre

   ....

12. *Lui ou leur ?* Setzen Sie die richtigen Pronomen in die Lücken ein. ★★

1. Tu téléphones à ton frère ? Alors, donne-.................... le bonjour de ma part !
2. Ses amies ne sont pas contentes : elle ne .... a pas envoyé de carte postale des Antilles.
3. Les parents des otages* ont écrit au Président de la République. Ils .... demandent d'intervenir en faveur* de leurs enfants.
4. Vous voulez faire plaisir à vos voisins ? Alors offrez-.................... une bouteille de champagne !
5. Elle a demandé à son collègue de l'aider, il .... a répondu qu'il n'avait pas le temps.
6. Ne .... demandez rien, ils ne vous répondront pas !

* **un(e) otage** eine Geisel; **en faveur de qn** zugunsten von jdm.

13. Welche Substantive ersetzen die unterstrichenen Pronomen in der linken Spalte? ★★

1. Ce matin, je ne l'ai pas prise.
2. Il leur a promis de les emmener à la piscine.
3. Elle l'a attendu deux heures.
4. Ils lui ont interdit de sortir.
5. Nous ne les avons pas entendus aboyer*.
6. Les électeurs ne leur font plus beaucoup confiance.
7. Après son travail, elle prend le temps de les aider à faire leurs devoirs.
8. Je lui ai prêté ma voiture.

- les chiens
- à ma copine
- la voiture
- aux enfants
- aux hommes politiques
- ses enfants
- à leur fille
- son fiancé

14. Beantworten Sie die folgenden Fragen und ersetzen Sie dabei die unterstrichenen Passagen durch Personalpronomen. ★★★

1. — Les enfants regardent la télé ?
   — Oui, ils la regardent .
2. — Tu as donné ta lettre à ton professeur ?
   — Oui, ...
3. — Vous aidez les voisins à déménager ce week-end ?
   — Non, ...
4. — Vous avez écouté les informations ?
   — Non, ...
5. — Est-ce que vous avez le temps d'expliquer le problème aux nouveaux stagiaires*?
   — Oui, ...
6. — C'est vous qui réparez ma voiture ?
   — Non, ...

* **aboyer** bellen; **un(e) stagiaire** Teilnehmer/in eines Lehrgangs

15. Ersetzen Sie die unterstrichenen Wörter durch das entsprechende Personalpronomen. ★★★

— Tu as tes affaires ?

— Oui, j'ai mes affaires. 1. *Oui, je les ai.* ....

— Tu as ton billet d'avion ?

— Oui, j'ai mon billet d'avion. 2. ....

— Et ça, ce ne sont pas tes dossiers ?

— Mais si, donne-moi mes dossiers. 3. ....

— Tu n'as pas oublié tes lentilles* ?

— Non, je n'ai pas oublié mes lentilles ! 4. ....

— C'est M. Dupuis qui vient te chercher à l'aéroport ?

— Oui, c'est M. Dupuis. 5. ....

— Mais tu passes bien la nuit chez Nicole et Jacques ?

— Bien sûr que je dors chez Nicole et Jacques. Que vas-tu imaginer ! 6. ....

— Tu as pensé au cadeau pour les enfants ?

— Oui, j'apporte des livres aux enfants. 7. ....

— Alors en route ! Je vais au bureau, tu appelles ma secrétaire dès que tu arrives.

— D'accord, je téléphone à ta secrétaire dès mon arrivée. 8. ....

* **les lentilles** (f.) die Kontaktlinsen

4 Die Pronominaladverbien *y* und *en*

1. Welche Wörter bzw. Satzteile in der rechten Spalte wurden hier durch *y* oder *en* ersetzt? ★

1. Léa n'y va pas encore, elle est trop petite.
2. J'en ai deux !
3. On en vient.
4. Elle ne s'y habitue pas.
5. J'en ai marre !
6. Je n'y travaille plus.
7. On s'y retrouve à 9 heures.
8. Donnez-m'en cinq, s'il vous plaît !
9. On y retournera !
10. Excuse-moi, je n'y ai pas pensé.
11. Il n'en met pas.
12. Il n'en reste plus.

- à rapporter du pain
- en Auvergne
- chez Renault
- des pêches
- des chiens
- à l'école
- du fromage
- sur le quai n° 7
- au froid
- de la crème solaire
- de la plage
- de faire des heures supplémentaires

2. Ergänzen Sie den Dialog beim Arzt mit *les* oder *en*. ★★

— Vous avez pris les médicaments que je vous ai prescrits ?

— Oui, docteur, je *les* ai pris.

— Vous .... avez tous pris ? Est-ce que vous avez encore des comprimés ?

— Il ne m'.................... reste plus beaucoup.

— Est-ce que vous allez mieux depuis ?

— Oui, un peu, mais je crois que je devrais continuer à .... prendre.

— Alors, je vais vous .... prescrire une autre boîte, mais n'.................... prenez plus que deux par jour.

3. Formulieren Sie die Antworten um, indem Sie die unterstrichenen Passagen durch die passenden Pronomen ersetzen. ★★

1. — Vous avez répondu à l'annonce ?

   — Oui Monsieur, j'ai répondu aussitôt à l'annonce.

   Oui Monsieur, j'y ai aussitôt répondu.

2. — Tu as écrit à ta correspondante ?

   — Non, je n'ai pas encore écrit à ma correspondante.

   ....

3. — Est-ce que j'ai laissé mon portefeuille sur le comptoir ?

   — Oui, regardez, il est encore sur le comptoir.

   ....

4. — Vous avez déjà passé des vacances dans les Pyrénées ?

   — Bien sûr. Nous allons tous les ans dans les Pyrénées faire du ski.

   ....

   — Cette année, vous allez retourner dans les Pyrénées ?

   ....

   — Non, cette année, nous n'irons pas dans les Pyrénées. Nous irons dans les Alpes.

   ....

4. Beantworten Sie die Fragen. ★★★

1. Est-ce que vous êtes déjà allé à la Martinique ?

   ....

2. Est-ce que vous allez acheter une nouvelle voiture cette année ?

   ....

3. Vous irez à la mer cet été ?

   ....

4. Avez-vous l'intention de faire un grand voyage prochainement ?

   ....

5. Est-ce que vous avez encore besoin de moi cet après-midi ?

   ....

5. Bringen Sie die Antworten in die richtige Reihenfolge. ★★

— Vous passerez à Beaune sur la route de vos vacances ?

— Non - pas - passerons - ne - nous - à - y - l'aller

....

— Et au retour ?

— Oui - mais - y - pourrons - nous - arrêter - quelques - seulement - heures

....

— C'est dommage ! Nous voulions vous inviter à une dégustation de vins de Bourgogne.

— Dans - nous - ce - arrêterons - plaisir - nous - cas - y - avec

....

6. Der erwachsene Enkel besucht die Großmutter.
- Ergänzen Sie den Dialog. ★★★

— Mon petit, je suis contente que tu sois ici. Tiens, je t'ai fait ton gâteau préferé. Allez, prends .... un gros morceau.

— Mami, je n'ai plus beaucoup faim. Mais il est délicieux, ton gâteau ! Tu sais que j'.................. raffole !

— Alors, pourquoi .... as-tu pris un si petit morceau ? Allez, je t'.................. redonne un peu.

— Mami ! Je n'.................. peux plus !

— Allons, mon garçon ! Tu es jeune, il faut bien manger à ton âge. Et puis, la voisine m'a apporté une petite liqueur de sa fabrication. Il faut absolument que tu .... goûtes.

— Non merci, mami, je n'.................. veux pas. C'est trop fort.

— Mais non ! Tu vas juste .... boire un petit verre, cela ne te fera pas de mal.

5 Die Demonstrativpronomen

1. Ersetzen Sie den Artikel durch die Demonstrativpronomen *(adjectif démonstratif) ce, cette, ces* usw. ★

le livre	*ce livre*	les vêtements	....
les chaussures	....	la photo	....
les lunettes	....	l'école	....
l'hôtel	....	le manteau	....

2. Vervollständigen Sie die folgenden Sätze mit dem richtigen Demonstrativpronomen *(adjectif démonstratif)*. ★★

1. J'ai fait un drôle de rêve .... nuit.
2. .... cours est intéressant.
3. À qui sont .... affaires ?
4. Tu connais .... endroit ?
5. .... paysage est vraiment magnifique !
6. J'ai rendez-vous chez le dentiste .... après-midi.

3. Welches ist das passende Substantiv? Wählen Sie in der rechten Spalte jeweils das richtige Wort aus und ergänzen Sie es. ★★

1. Cet .... je vais en Corse.	été – année – vacances
2. Tu n'aimes pas cette .... ?	opéra – musique – film
3. Je te conseille ce	hôtel – méthode – restaurant
4. Nous prenons ces .... noires.	pulls – chaussures – gants
5. Je connais bien cette .... !	chemin – passage – route
6. Ces .... ne sont pas complets.	affaires – dossiers – informations
7. Cet .... est sordide !	place – histoire – endroit
8. Qui a mis ce .... sur mon bureau ?	truc – chose – machine

4. Ersetzen Sie die unterstrichenen Wörter durch die Demonstrativpronomen *(pronom démonstratif) celui-ci/là, celle-ci, ceux-ci* usw. ★

1. Le skieur descend comme un fou !
   Celui-ci/là descend comme un fou !
2. Les règles sont très simples.
   ....
3. Ces cartes sont pour toi.
   ....
4. Cette fenêtre ne ferme pas bien.
   ....
5. Ces fruits sont meilleurs avec un peu de sucre.
   ....

5. Beantworten Sie die Fragen. Verwenden Sie dabei ein Demonstrativpronomen *(pronom démonstratif)* und ein Relativpronomen mit oder ohne Präposition. ★★★

1. — Lesquelles prenez-vous ?
   — Je prends celles qui sont dans la vitrine.
2. — Laquelle préfères-tu ?
   — Je préfère .... tu m'as donnée.
3. — Stéphanie, c'est la fille du 1er ou du 2ème rang ?
   — C'est .... est assise au 1er rang.
4. — Pour aller à Marseille, c'est quel train ?
   — C'est .... part à 17h39, voie 4 !
5. — Ton prof de maths, c'est qui ?
   — Regarde, c'est .... est à côté de Pierre.
6. — Vous vous trompez, ce ne sont pas mes meubles !
   — Mais si ! Ce sont .... votre mari a commandés !

6 Die Possessivpronomen

1. Ergänzen Sie die Possessivpronomen *(adjectif possessif) mon, ton, son* usw. ★

1. Il est à moi, c'est mon livre.
2. Il est à Elisabeth, c'est .... livre.
3. Il est à vous, c'est .... cadeau.
4. Elles sont à moi, ce sont .... chaussures.
5. Elles sont à Matthieu, ce sont .... balles.
6. Ils sont à Stéphane, ce sont .... rollers.
7. Elle est à Géraldine, c'est .... invention.
8. Il est à Gaëlle et à Claire, c'est .... chien.
9. Elles sont à nous, ce sont .... valises.
10. Ils sont à toi, ce sont .... cahiers.

2. Vervollständigen Sie die Sätze mit den Possessivpronomen *(adjectif possessif) mon, ton, son* usw. ★★

1. Cette veste est à Sylvain. C'est .... veste.
2. Elles ne sont pas à moi, ce ne sont pas .... lunettes.
3. Il est à vous cet enfant, c'est .... fils ?
4. Nous avons enfin fini de payer la maison, maintenant c'est .... maison.
5. Ici, c'est la chambre des enfants, ils aiment beaucoup .... chambre.
6. Cela ne vous regarde pas, occupez-vous de .... affaires.
7. Je vous présente .... mari, Philippe, et .... fille, Valérie.
8. Tu as encore oublié .... manteau à l'école, un jour, c'est .... tête que tu oublieras !
9. Les actionnaires réclament .... dividendes.
10. Tu as raison, ... idée est excellente.

3. Setzen Sie im Dialog mit dem Verkehrspolizisten die fehlenden Possessivpronomen *(adjectif démonstratif)* ein. ★★

— Vos .... papiers, s'il vous plaît !

— Voici .... carte d'identité et .... permis de conduire.

— .... permis de conduire est bien vieux !

— Oui, mais .... réflexes sont encore très bons.

— .... réflexes peut-être, mais pas .... yeux.

Vous n'avez pas vu le feu rouge ?

4. Beantworten Sie die folgenden Fragen und verwenden Sie dabei die Possessivpronomen *(pronom possessif) le mien, le tien* usw. ★★

1. — Il est à toi ce chapeau ?
   — Oui, c'est ....
2. — Il est à Valentin ce CD ?
   — Oui, c'est ....
3. — Ce sont bien vos valises ?
   — Non, ce ne sont pas ....
4. — C'est le tour de Sophie !
   — Mais non, ce n'est pas ....
5. — C'est ta voiture ?
   — Eh oui, c'est ....
6. — C'est le numéro des Lemoine ?
   — Oui, c'est bien ....
7. — Ces papiers sont-ils à vous ?
   — En effet, ce sont ....
8. — Ce ne serait pas les vélos des petits voisins ?
   — Mais si, ce sont ....

5. Ergänzen Sie im folgenden Dialog die *adjectifs* bzw. *pronoms possessifs.* ★★

— Mon ① chef est très sympathique, et comment est ………… ② ?

— ………… ③ n'est pas toujours agréable, je dois lui préparer ………… ④ café et téléphoner à ………… ⑤ femme quand il n'a pas envie de l'accompagner à une sortie, il me demande même d'aller chercher ………… ⑥ enfants à la sortie de l'école et de les aider à faire ………… ⑦ devoirs.

— Tu devrais aller voir le délégué du personnel. Dans ………… ⑧ entreprise, il est très actif.

— Dans ………… ⑨, il n'y a pas de délégué, nous ne sommes que huit employés et chacun défend ………… ⑩ propres intérêts.

6. Ergänzen Sie die Sätze mit den folgenden Formen: ★

des tiens à la vôtre au mien aux siennes du mien

1. — Je vais le dire à mon père !
   — Et moi, je le dirai ………… !
2. — Zut, j'ai oublié mon sandwich !
   — Ce n'est pas grave, je peux te donner un bout ………… .
3. — 40 km à vélo ! Que mes jambes me font mal !
   — Regarde, Alain aussi a mal ………… , il ne tient plus debout !
4. — Alors, toi et Stéphanie ça marche ?
   — Ne t'occupe pas de mes problèmes, occupe-toi plutôt ………… .
5. — Je lève mon verre à votre santé, Duchesne.
   — ………… , Monsieur le Directeur !

7 Die Indefinitpronomen

1. *Tout, tous, toute* oder *toutes?* Ergänzen Sie. ★

1. .... la semaine
2. .... le temps
3. .... l'année
4. .... les soirs
5. .... mes amies
6. .... les fois
7. .... le monde
8. .... ce travail
9. .... l'univers
10. .... les hommes

2. Ergänzen Sie den Dialog mit *tout, tous, toute* oder *toutes*. ★★

— Alors, comment ça se passe ton nouveau boulot ?

— Très bien ! .... ① les matins, je pars de chez moi à 8h. J'ai un bus .... ② les 20 minutes qui me dépose .... ③ près de mon travail.

Je m'occupe de .... ④ les clients des pays germanophones.

J'examine .... ⑤ les demandes et j'envoie des offres. Comme je n'ai pas encore de signature, c'est mon chef qui signe .... ⑥ le courrier mais après ma période d'essai, je pourrai signer moi-même.

Il y a une réunion de service .... ⑦ les mardis avec .... ⑧ les collègues du département. Nous faisons le point sur .... ⑨ les affaires en cours. Il y a une bonne ambiance, ... ⑩ le monde s'entend bien.

J'aime vraiment bien mon nouveau travail, la seule chose qui me stresse, c'est le téléphone qui sonne .... ⑪ la journée.

3. Ersetzen Sie *très* durch *tout* und gleichen Sie es wenn nötig an. ★

1. Dans le landau dormait un très petit bébé.

   ……………………………………………………………………

2. Est-ce que vous avez un très petit morceau de filet pour mon chien ?

   ……………………………………………………………………

3. Le vin est excellent, j'en reprends une très petite goutte !

   ……………………………………………………………………

4. Les deux favorites ont été très étonnées de se retouver ex-aequo à l'arrivée de la course.

   ……………………………………………………………………

5. Mon chéri, ton cadeau est trop beau, j'en suis très émue.

   ……………………………………………………………………

4. Ergänzen Sie das Adverb *tout* und gleichen Sie es gegebenenfalls an. ★

1. Il lui a fait un …………… petit cadeau.
2. Elle est arrivée au rendez-vous …………… essoufflée.
3. Il a écouté le verdict des juges …………… pâle et tremblant de peur.
4. Elle est rentrée les oreilles et le nez …………… rouges de froid.
5. Les routes sont …………… recouvertes de neige.

5. Ergänzen Sie nun das Pronomen *tout* und gleichen Sie es an. ★

1. Elle ne lui a pas …………… dit.
2. Après le match, ils se sont …………… réunis au « Café du Centre » pour fêter la victoire de leur équipe.
3. Les supporteurs, les entraîneurs, l'équipe, bref …………… sautaient de joie autour du tireur du pénalty.
4. Mes amies, les amies de mes amies : elles sont …………… venues à mon mariage.
5. J'ai …………… mis en vrac* dans le coffre de la voiture !

* **mettre en vrac** *hier:* einfach hineinwerfen

6. Ergänzen Sie die Sätze mit den Pronomen *autre, certain* und *plusieurs* und gleichen Sie sie gegebenenfalls an. ★★

1. — Vous prenez ce pull-over ?
   — Non, montrez-m'en un .... , s'il vous plaît.
2. Cette pêche est abîmée, pourriez-vous m'en donner une .... ?
3. Ces fleurs ne sont plus fraîches, j'en voudrais d' .... !
4. .... personnes ne vont jamais à la messe, d'.................................... y vont chaque dimanche.
5. .... jours, on n'a pas envie de se lever !
6. Si tu veux être reporter, il te faudra une .... audace.
7. Je l'ai croisé un .... après-midi de mai.
8. Il fait son jogging .... fois par semaine.

7. Vervollständigen Sie die Sätze mit *chaque, chacun* oder *chacune.* ★★

1. Je prends une douche froide .... matin.
2. Dans mon entreprise, ... reçoit une bonne bouteille pour son anniversaire.
3. Claire et Stéphanie se partagent l'addition du restaurant, ça leur fait trente euros ....
4. Pour la réouverture du magasin, ... cliente recevra une rose et .... client un savon parfumé.
5. Sur votre note de frais, vous devrez mentionner .... déplacement et .... de vos conversations téléphoniques.
6. Sa devise c'est « .... pour soi et Dieu pour tous. »
7. La marée noire a des conséquences catastrophiques : .... jour, nous trouvons des animaux mazoutés, mais .... de nous essaie d'en sauver le plus possible.

8. Vervollständigen Sie die folgenden Sätze mithilfe von Indefinitpronomen und in einem Fall mit einem Personalpronomen. Die fehlenden Wörter brauchen Sie, um das Kreuzworträtsel unten zu lösen. ★★★

1. — Est-ce que vous avez des cartes de Noël ?

   — Regardez, j'en ai encore ……………………-unes dans la corbeille.
2. …………………… ne sortira d'ici sans mon autorisation.
3. Je ne comprends pas, …………………… de mes vaches ont un comportement bizarre ! Seraient-elles folles ?
4. Nous n'avons pas d'enfants, mais …………………… animaux.
5. — Est-ce qu'il vous reste des billets ?

   — Non, …………………… . C'est complet.
6. Des jumelles, ça se voit ! Elles portent la …………………… robe et le …………………… sac.
7. — Vous voulez quelque chose ?

   — Non, …………………… .
8. — Madame Fontaine, …………………… vous demande au téléphone.

   — Qui ?

   — Un représentant de l' …………………… .

Welcher großen Organisation gehört der Anrufer an? Im Kreuzworträtsel finden Sie die Antwort!

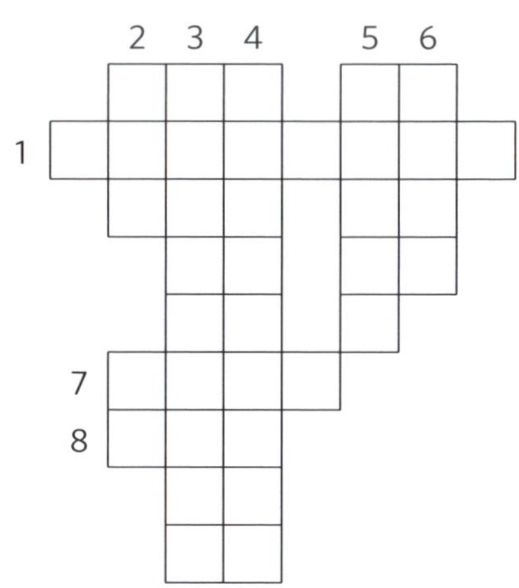

9. Im Büro hat sich ein Mord ereignet! Sie haben den erstochenen Kollegen entdeckt und müssen nun die Fragen des Kommissars beantworten. ★★★

1. — Vous avez rencontré quelqu'un dans l'ascenseur ?
   — Non, personne.
2. — Vous avez vu quelqu'un dans le couloir ?
   — Non, ...
3. — Vous avez entendu quelque chose ?
   — Non, ...
4. — Vous avez touché à quelque chose ?
   — Non, ...
5. — Vous avez déplacé quelque chose ?
   — Non, ...
6. — Vous avez téléphoné à quelqu'un, après avoir prévenu la police ?
   — Non, ...
7. — Vous êtes allé quelque part avant notre arrivée ?
   — Non, ...
8. — Est-ce que des dossiers ont disparu ?
   — Non, ...
9. — Est-ce que votre collègue avait des ennemis dans l'entreprise ?
   — Non, ...
10. — Est-ce qu'il vous avait fait des confidences ?
    — Non, ...

8 Die Fragewörter und die Fragesätze

1. Formulieren Sie diese Intonationsfragen mit *est-ce que* um. ★★

1. Tu as envie d'aller au cinéma ?
   Est-ce que tu as envie d'aller au cinéma ?
2. Vous partez quand ? ……
3. Ils habitent où ? ……
4. Vous êtes arrivés quand ? ……
5. Tu en veux combien ? ……
6. Pourquoi il n'est pas venu ? ……
7. Ta tarte, tu la fais comment ? ……
8. Vous partez où en vacances ? ……
9. Il est fâché ? ……
10. On mange quoi ? ……

2. Formulieren Sie die Fragen nun noch einmal mithilfe der Inversion. ★★★

1. Tu as envie d'aller au cinéma ?
   As-tu envie d'aller au cinéma ?
2. ……
3. ……
4. ……
5. ……
6. ……
7. ……
8. ……
9. ……
10. ……

3. Stellen Sie Fragen zu den folgenden Antworten. Achten Sie dabei auf die unterstrichenen Wörter und Satzteile. ★★★

1. — ……………………………………

— Nous partons samedi.

2. — ……………………………………

— J'ai mal au dos.

3. — ……………………………………

— Il ne viendra pas parce qu'il y a une grève des trains.

4. — ……………………………………

— Je regrette, Madame Vernier n'est pas là.

5. — ……………………………………

— Je suis allé à Moscou en train, c'était très long.

6. — ……………………………………

— Nous avons trois enfants.

7. — ……………………………………

— Tu peux regarder la télévision, mais pas trop longtemps.

8. — ……………………………………

— Le voisin m'a prêté sa perceuse.

4. Sie haben die folgende Anzeige gelesen und interessieren sich für das Haus. Ihnen fehlen noch einige Informationen. Wie fragen Sie danach? Formulieren Sie mindestens zehn Fragen. ★★★

> À louer petite maison campagne, proche agglomération, loyer pas cher, activités culturelles et sportives possibles dans la région : musée, natation, club d'équitation, festival de théâtre.
> Pour tous renseignements, Agence Langis à Bordeaux
> Tél.: 05 98 88 75 - adresse électronique : langis@bordeaux.com

— *Combien de pièces a la maison ?*

……………………………………

5. Um sicherzugehen, dass Sie die folgenden Antworten richtig verstanden haben, fragen Sie noch einmal nach. Beachten Sie dabei die unterstrichenen Wörter und Satzteile. ★★★

1. — « Je suis artiste-peintre. »
   — *Que faites-vous dans la vie ?*
2. — « Ça coute 350 euros. »
   — .... ?
3. — « Je gagne 1000 euros par mois. »
   — .... ?
4. — « Je vous dis <u>que le guichet est fermé</u> ! »
   — .... ?
5. — « Nous avons fait un don à l'association <u>Médecins sans Frontières</u>. »
   — .... ?
6. — « Nous pensons <u>ouvrir une nouvelle filiale</u> à l'étranger. »
   — .... ?
7. — « Mon amie est inquiète. Elle pense souvent <u>à son fils</u> en expédition au Pôle Sud. »
   — .... ?
8. — « Il faudra s'attendre à <u>une amélioration sensible du temps</u> dans les prochains jours. »
   — .... ?
9. — « Dans mon entreprise, je peux surtout compter sur <u>mon fondé de pouvoir</u>*. »
   — .... ?
10. — « Ça y est ! J'ai réussi à forcer la porte du trésor avec <u>un chalumeau</u>**. »
    — .... ?
11. — « Il me faudra 5000 euros pour <u>vendredi prochain</u> ! »
    — .... ?
12. — « Nous allons voter contre <u>l'amendement numéro 74</u>. »
    — .... ?

* **le fondé de pouvoir** der Prokurist
** **le chalumeau** der Schweißbrenner

6. Ergänzen Sie die folgenden Fragen mit *quel, quelle, quels, quelles* oder *lequel, laquelle, lesquels, lesquelles.* ★★

1. .... heure est-il ?
2. .... choisissez-vous, les bleues ou les noires ?
3. .... sont vos livres préférés ?
4. De tous ces projets, ... est le plus urgent ?
5. C'est pour ma chef, ... fleurs me conseillez-vous ?
6. Les nageuses tournent presque toutes en même temps, ... va gagner ? C'est l'Australienne qui emporte la victoire !
7. .... âge avez-vous ?
8. Après la fête, j'ai trouvé plusieurs gants chez moi, ... sont à toi ?

7. Stellen Sie – wie im Beispiel vorgegeben – die entsprechenden negativen Fragen zu den folgenden Antworten. ★★★

1. — *N'aimeriez-vous pas habiter à la campagne ?*
   — Si, j'aimerais bien.
2. — .... ?
   — Non, nous n'avons pas entendu que tu nous appelais.
3. — .... ?
   — Non, ils ne nous ont pas annoncé leur mariage.
4. — .... ?
   — Si, tu m'avais prévenu.
5. — .... ?
   — Non, nous n'avons pas reçu votre réservation.

9 Die Relativpronomen und die Relativsätze

1. Suchen Sie zu jedem Satzanfang in der rechten Spalte das passende Satzende und verbinden Sie es mit *qui* oder *que*. ★★

1. Je vous présente Monsieur Leroux		tu as gagnée à la fête du port.
2. Elle a acheté la robe		sont trop durs.
3. Cet hôtel a des lits	que	vous prépariez ?
4. Je vous redonne vos statistiques	qui	s'occupera des clients de l'Europe du Nord.
5. On va boire la bouteille		je voulais.
6. Avez-vous réussi les examens		m'ont été bien utiles.

2. *Qui* oder *que*? Vervollständigen Sie die Sätze. ★

1. Voici le nouveau bureau ………………… nous avons commandé.
2. La cliente ………………… nous attendons est très importante.
3. La personne ………………… a écrit ce texte n'est pas très forte en orthographe.
4. Il n'y a pas d'abonné au numéro ………………… vous avez demandé.
5. Monsieur Lefèvre est un homme ………………… voyage beaucoup.
6. C'est le voisin ………………… nous l'a dit.

3. Verbinden Sie die folgenden Einzelsätze mit *qui* oder *que* zu einem Satz. ★★

1. Je te rapporte ton livre. Tu me l'avais prêté la semaine dernière.
2. Orange est une jolie ville du sud de la France. Elle a beaucoup de vestiges romains.
3. Avez-vous lu le courrier ? Je l'ai mis sur votre bureau.
4. Comment s'appelle ce chanteur ? Valérie l'aime beaucoup.
5. Nous avons un nouveau collègue. Il est toujours en train de téléphoner à ses amis.

4. *Qui, que* oder *dont*? Wählen Sie das richtige Relativpronomen. ★★★

1. Voilà la lettre .... tu attendais.
2. C'est une lettre .... me fait très plaisir.
3. Voici le prospectus .... je t'avais parlé.
4. Dans ce prospectus, il y a une offre .... je trouve bien intéressante.
5. Nous avons enfin trouvé l'appartement .... nous cherchions.
6. C'est l'appartement .... nous rêvions depuis longtemps.
7. La disquette .... tu m'as donnée a un virus.
8. J'ai réparé le robinet .... fuyait.

5. *Qui, que, dont* oder *où*? Setzen Sie das richtige Relativpronomen ein. ★★★

J'habite dans une ville .... ① il y a beaucoup d'arbres. Les touristes .... ② viennent la visiter veulent surtout voir le quartier .... ③ compte le plus de banques en Europe. Cette ville est aussi connue grâce à un grand écrivain .... ④ on peut visiter la petite maison natale. C'est une ville .... ⑤ vivent beaucoup d'étrangers .... ⑥ y habitent souvent depuis très longtemps. Vous pouvez acheter des produits .... ⑦ viennent de tous les coins du monde et .... ⑧ le nom est quelquefois difficile à prononcer. Cette ville est aussi très célèbre pour ses foires comme la Foire du livre .... ⑨ attire un grand nombre de visiteurs et .... ⑩ vous pourrez peut-être rencontrer votre auteur préféré et découvrir de très beaux livres mais .... ⑪ vous ne pourrez pas acheter. Quel est son nom ?

6. Vervollständigen Sie die Sätze mit den folgenden Relativpronomen. ★★★

auquel lesquels laquelle (2x) dont (2x) auxquelles auxquels qui

1. Votre lettre à .... je m'empresse de répondre m'a fait très plaisir. Je vous remercie encore une fois de votre visite .... je garde un très bon souvenir.
2. Les enfants posent souvent des questions .... il est difficile de répondre et .... fatiguent beaucoup.
3. Nous étions au mariage de mon neveu, c'est la raison pour .... nous ne sommes pas venus à votre réception.
4. Malheureusement, le cours .... vous vous êtes inscrit n'aura pas lieu.
5. Les Langlois ? Ce sont les amis .... j'ai fait la connaissance chez Florence et avec .... je suis parti en Italie.
6. Je ne ferai pas ces exercices .... je ne comprends rien !

7. Verbinden Sie die folgenden Sätze mit einem Relativpronomen zu einem Satz. Tipp: Vergessen Sie die Präpositionen nicht! ★★★

1. Nous campions au bord d'une rivière. Elle a débordé dans la nuit.
   La rivière ....
2. Un nouveau cours a été créé pour les élèves en difficulté. Ils pourront combler leurs lacunes*.
   Les élèves en difficulté ....
3. Le comédien était appuyé contre le décor. Tout à coup, le décor s'est renversé devant les spectateurs ahuris.
   Le décor ....
4. Elle portait un pantalon « patte d'éléphant » noir. Au bas du pantalon des fleurs de couleurs scintillantes étaient brodées.
   Elle portait un pantalon ....

* **la lacune** die Lücke

10 Das Adjektiv

1. Ordnen Sie die folgenden Adjektive in die richtige Spalte ein. Beachten Sie dabei, dass bei manchen Adjektiven die weibliche und die männliche Form identisch sind. ★

beau ✔ sympathique mariée belge gros jolie veuf grande élégant intelligente habile gentil sportive

Il est beau.	Elle est sympathique ....
Il	....
....	....
....	....
....	....
....	....

2. Setzen Sie jeweils die entsprechende weibliche bzw. männliche Form ein. ★★

1. Il est charmant. — Elle est ....
2. Il est neuf. — Elle est ....
3. Elle est nouvelle. — Il est ....
4. Elle est agréable. — Il est ....
5. Il est italien. — Elle est ....
6. Il est mou. — Elle est ....
7. Elle est idiote. — Il est ....
8. Elle est gentille. — Il est ....
9. Il est pressé. — Elle est ....
10. Il est portugais. — Elle est ....
11. Elle est folle. — Il est ....
12. Elle est courageuse. — Il est ....

3. Setzen Sie die Sätze in den Plural. ★★★

1. Le livre est intéressant. Les livres ....
2. La piste est dangereuse. ....
3. Le cadeau est beau. ....
4. Il est matinal. ....
5. Ce pull est très doux. ....
6. C'est un vieil ami à moi. ....

4. Welches ist hier das passende Farbadjektiv? ★★

1. Les fraises sont ....
2. Les mandarines sont ....
3. Les pamplemousses sont ....
4 Les olives sont .... ou ....
5 Les châtaignes sont ....
6 La neige est ....

5. Setzen Sie die richtige Form des Adjektivs ein. ★★★

Aujourd'hui, Antoine est un .... (vieux) ① homme tout .... (ridé) ②. Dans sa jeunesse, c'était un très .... (beau) ③ homme, un .... (vrai) ④ dandy. Il achetait une .... (nouveau) ⑤ voiture tous les ans ; il portait de très .... (beau) ⑥ costumes et organisait de très .... (beau) ⑦ soirées.

Un jour, il a rencontré une .... (joli) ⑧ Américaine, elle avait une .... (long) ⑨ chevelure .... (roux) ⑩ et des yeux .... (vert émeraude) ⑪. Ils se sont aimés tout de suite. C'était une .... (célèbre) ⑫ danseuse et elle n'a pas voulu abandonner sa carrière pour lui. Pour oublier, il est parti dans des pays .... (lointain) ⑬, il a fait de .... (grand) ⑭ reportages et il a vieilli tout seul.

6. Setzen Sie die Adjektive an die richtige Stelle und gleichen Sie sie gegebenenfalls an. ★★

1. une maison – petit ... *une petite maison*
2. j'habite dans une ville – agréable ...
3. vous avez un travail – bon ...
4. c'est une blague – mauvais ...
5. voilà une proposition – intéressant ...
6. c'est une journée – beau – ensoleillé ...
7. il a des yeux – bleu – petit ...
8. il a fait un voyage – long ...

7. Vergleichen Sie: ★★★

	Appartement A	Appartement B	Appartement C
m^2	75	80	75
Nombre de pièces	3	3	4
Prix du loyer/mois	1000 €	1200 €	800 €

1. *L'appartement A est plus petit que le B.*
2. ...
3. ...
4. ...
5. ...
6. ...
7. ...
8. ...
9. ...
10. ...

8. Vergleichen Sie: ★★★

	France	Allemagne
km²	632 733	357 580
Nombre d'habitants	env. 67 millions	env. 83 millions
Nombre de régions/Länder	18	16

1. *La France est plus grande que l'Allemagne.*
2. ……
3. ……
4. ……
5. ……
6. ……

9. Ergänzen Sie das entsprechende Adjektiv. ★★

1. Cela m'intéresse, c'est *intéressant.*
2. Cela m'énerve, c'est …… .
3. Cela me fatigue, c'est …… .
4. Cela m'amuse, c'est …… .
5. Cela me repose, c'est …… .
6. Cela me passionne, c'est …… .
7. J'ai de la chance, je suis …… .
8. J'ai très faim, je suis …… .
9. J'ai très soif, je suis …… .
10. J'ai toujours froid, je suis …… .

11 Die Zahlen

1. Schreiben Sie das Datum wie in einem Briefkopf aus. ★

1. lundi 20/12/21 Bordeaux, *lundi 20 décembre 2021*
2. mardi 08/08/01 Berlin, mardi 8 august 2001
3. mercredi 01/01/99 Pointe à Pitre, mercredi 01
4. jeudi 15/07/02 Montréal, ...
5. samedi 02/02/19 Marseille, ...
6. dimanche 01/06/74 Francfort, ...

2. Wie spricht man die folgenden Namen? ★★

1. Jean Paul II *Jean Paul deux*
2. Napoléon Ier ....
3. Jean XXIII ....
4. Charles VII ....
5. Louis XV ....
6. Elisabeth Ière ....
7. Henri IV ....
8. Catherine II ....

3. Schreiben Sie die folgenden Telefonnummern in Zweiergruppen aus. ★

1. 01 25 72 84 24 *Zéro un, vingt-cinq,*
2. 04 98 48 22 12 ....
3. 05 57 65 56 70 ....

4. *21, rue des artistes* – wer wohnt wo? ★

	porte de gauche	porte de droite
4ème	Vincent Roux	Mlle Charlotte
3ème	Les Leblanc	Paul Guérin
2ème	Les Kehmal	Les Martini
1er	Mme Leclerc	Les Lopez
Rez-de-chaussée	Les Martin	Alain Dufour

1. *Les Martin habitent au rez-de-chaussée, à gauche.*
2. Alain Dufour ……
3. Les Kehmal ……
4. Les Lopez ……
5. Vincent Roux ……
6. Mme Leclerc ……
7. Mlle Charlotte ……
8. Les Martini ……
9. Paul Guérin ……
10. Les Leblanc ……

5. Schreiben Sie die Beträge wie z. B. in einem französischen Kaufvertrag aus. ★★

1. 78 € Soixante-dix-huit euros.
2. 99 € ……
3. 880 € ……
4. 1250 € ……
5. 3698 € ……
6. 555 990 € ……
7. 1 000 000 € ……
8. 15 500 000 € ……

6. Wie würden Sie am Telefon Ihre Ankunftszeit richtig durchgeben? Sie können auch die umgangssprachliche Form verwenden. ★★

1. 5h30 J'arrive à cinq heures trente/cinq heures et demie.
2. 14h15 Le train entre en gare à …… .
3. 9h56 L'avion atterrit à Roissy à …… .
4. 12h30 Je serai là à …… .
5. 0h Attends-moi jusqu'à …… .
6. 17h45 Viens me chercher à la sortie du bureau à …… .
7. 6h20 Rendez-vous au cinéma, la séance commence à …… .
8. 10h40 Je suis convoqué au tribunal à …… .

12 Das Präsens

1. Regelmäßige Verben auf -*er*. Ergänzen Sie die Sätze mit dem Präsens folgender Verben. ★

1. aimer → Tu aimes les glaces au citron ?
2. parler → Vous parlez bien le français !
3. coûter → Ça coûte combien ?
4. travailler → Nous travaillons dix heures par jour ! C'est trop.
5. fumer → Je ne fume jamais dans ma voiture.
6. écouter → Ils écoutent les informations à la radio.
7. s'arrêter → Elle s'arrête au feu rouge.

2. Unregelmäßige Verben auf -*er*. Vervollständigen Sie die Tabellen. ★★

	voyager	manger	commencer	emmener
je, j'	voyage	mange		
tu	voyages	manges	commences	
il, elle, on	voyage	mange		emmène
nous	voyageons	mangeons		
vous		mangez		
ils, elles		mangent	commencent	

	envoyer	acheter	payer	essayer
je, j'		achète		
tu		achètes		
il, elle, on	envoie	achète		
nous			payons	
vous				
ils, elles				

3. Alle hier fehlenden Verben haben in der 3. Person einen *accent grave*. Wenn Sie sie erraten, können Sie das Kreuzworträtsel lösen! ★★

1. Elle .... son journal au kiosque, tous les matins.
2. Le petit garçon .... que le Père Noël sera généreux.
3. Le professeur .... souvent les mêmes choses.
4. En semaine, je me .... à 6 heures.

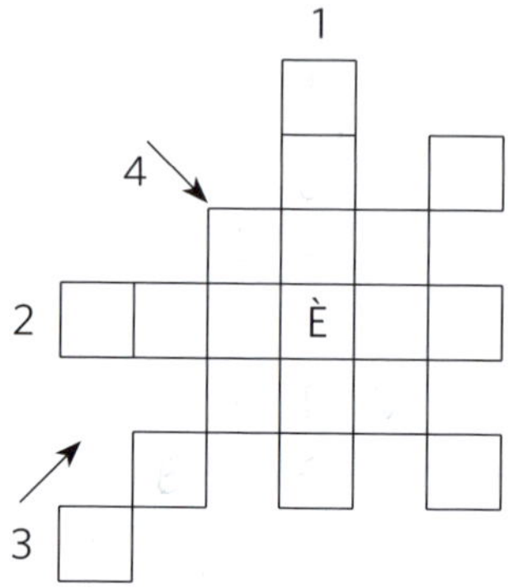

4. Vervollständigen Sie die Fragen und wiederholen Sie bei der Antwort das Verb. ★★

1. — Vous .... (préférer) travailler ou voyager ?
   — Je .... voyager.
2. — Vous .... (appeler) un taxi, s'il vous plaît ?
   — Oui, je l' .... tout de suite.
3. — Vous .... (jeter) ces fruits ?
   — Je les .... parce qu'ils sont pourris*.
4. — Vous m'.............................. (envoyer) votre catalogue, s.v.p. ?
   — Avec plaisir, je vous .... le catalogue de printemps.
5. — Vous .... (promener) votre bébé au Jardin du Luxembourg ?
   — Non, je le .... au Jardin des Plantes.

* **pourri** verdorben

5. Wie lautet die 2. Person Plural dieser Verben auf -*re*? Setzen Sie sie in die Lücken ein. ★★

1. Il connait tout le monde. → Vous aussi, vous .... tout le monde !
2. Il vend sa voiture. → Vous aussi, vous .... votre voiture ?
3. Il suit des cours. → Vous aussi, vous .... des cours !
4. Il prend le métro. → Vous aussi, vous .... le métro ?
5. Il dit ce qu'il pense. → Vous aussi, vous .... ce que vous .... ?
6. Il fait du sport. → Vous aussi, vous .... du sport ?

6. Wie lautet die 1. Person Plural dieser Verben auf -*ir*? Setzen Sie sie in die Lücken ein. ★★

1. Elle finit à l'heure. → Nous aussi, nous .... à l'heure.
2. Il vieillit, hélas ! → Nous aussi hélas, nous .... !
3. Tu dors debout ! → Nous aussi, nous .... debout !
4. Je meurs d'ennui. → Nous aussi, nous .... d'ennui.
5. Je pars demain. → Nous aussi, nous .... demain.
6. Tu viens ce soir. → Nous aussi, nous .... ce soir.

7. Konjugieren Sie das Verb *être*. ★★

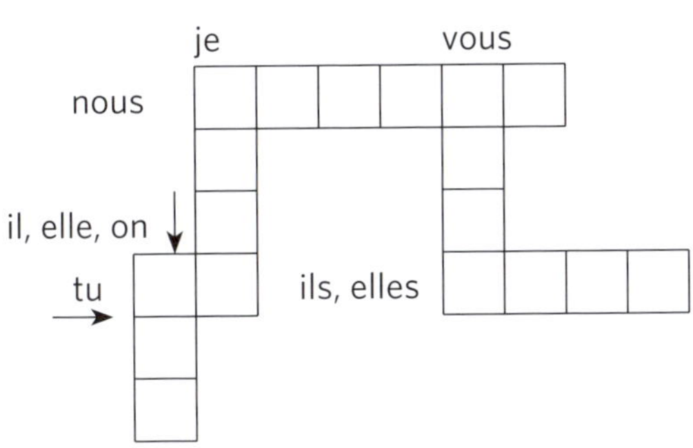

8. Wie konjugiert man das Präsens von *avoir*? Wenn Sie genau hinsehen, finden Sie die Lösung in diesem Buchstabensalat! ★★

B	E	A	I	T	E
O	A	R	A	S	X
U	O	V	I	N	T
X	E	R	O	S	A
Z	U	I	N	N	L
E	S	T	T	I	S

9. Wie lautet die 3. Person Plural dieser Verben? ★★★

1. Je choisis. → Ils ....
2. Je réfléchis. → Elles .... aussi.
3. J'offre des fleurs. → Ils .... des cactus.
4. Je pars demain. → Ils .... ce soir.
5. Je vais au bureau. → Elles .... en ville.
6. Je lis beaucoup. → Elles .... encore plus.
7. Je perds tout. → Ils ne .... rien.
8. Je bois du vin. → Ils .... de la bière.
9. Je ne vois rien. → Elles .... tout.
10. Je veux tout. → Elles .... tout et le reste.
11. J'avance difficilement. → Elles .... difficilement.
12. Je lui tiens la main. → Elles lui .... la main.

10. Die Verben auf *-oir*: Welches ist hier das richtige Verb? Unterstreichen Sie es. ★

1. Nous *devons/peuvent/voyons* aller voter dimanche.
2. Je ne *dois/doit/peux/voulez* pas vous donner une réponse tout de suite.
3. Tu *sais/savez/voit* où se trouve l'auberge de jeunesse ?
4. Vous *dois/veut/recevez* souvent des offres publicitaires par la poste ?
5. Ils *savez/peuvent/vois* communiquer par l'internet.
6. Elle *reçoivent/peux/veut* faire un bon placement.

11. Vervollständigen Sie die Sätze mit der richtigen Präsensform der in Klammern angegebenen Verben. ★★

1. — Vous .... comment ? (s'appeler)
   — Je .... Sylvie Laffont. (s'appeler)
2. ....-vous ! Monsieur Lepointu .... tout de suite. (asseoir, venir)
3. Les magasins .... à neuf heures. (ouvrir)
4. Nous ne .... plus de viande bovine. (manger)
5. Qu'est-ce que vous .... ? (prendre)
6. Vous .... et .... ce formulaire, s'il vous plaît. (remplir, signer)
7. Est-ce que vous .... des timbres ? (avoir)
8. — Vous .... qui a gagné le Tour de France ? (savoir)
   — Non, je ne .... pas. (savoir)
9. Ne vous .... pas, c'est moi qui .... au téléphone. (déranger, répondre)
10. — Maman, tu m'.................... un jeu vidéo ? (acheter)
    — Oui, mais un jeu éducatif. Tu .... faire des progrès en français et en maths. (devoir)
11. Les scientifiques ne .... pas exactement les causes de la maladie. (connaître)
12. — Vous .... jouer au tennis, samedi après-midi ? (vouloir)
    — Désolé, samedi, nous .... notre cuisine. (repeindre)
13. — Qu'est-ce que vous .... ce soir ? (faire)
    — Ce soir ? Je .... du yoga. (faire)
14. — Que ....-vous ? (dire)
    — Ces enfants .... trop de bruit. (faire)

1. Bilden Sie anhand der links vorgegebenen Präsensformen das Imparfait. ★

Präsens		Imparfait
1. nous allons	→	j' ....
2. nous pouvons	→	tu ....
3. nous nous levons	→	il ....
4. nous voulons	→	elle ....
5. nous commençons	→	on ....
6. nous choisissons	→	nous ....
7. nous lançons	→	vous ....
8. nous mangeons	→	ils ....
9. nous nous plaignons	→	elles ....
10. nous disons	→	je ....
11. nous croyons	→	nous ....
12. nous prenons	→	on ....

2. Vervollständigen Sie die Tabelle. ★★

	venir	être	avoir	faire
je, j'	*venais*	étais	avais	faisais
tu	venais	*étais*	avais	faisais
il, elle, on	venait	était	*avait*	faisait
nous	venions	étions	avions	*faisions*
vous	veniez	*étiez*	aviez	faisiez
ils, elles	venaient	étaient	*avaient*	faisaient

3. Wie ist das Wetter heute? Und wie war es gestern? Beschreiben Sie es im Imparfait. ★★

Aujourd'hui …	*Hier …*
1. il fait beau.	il ………………………… beau.
2. il y a du vent.	il y ………………………… du vent.
3. il pleut.	il ………………………… .
4. il neige.	il ………………………… .
5. il faut se couvrir.	il ………………………… se couvrir.

4. Vervollständigen Sie die Sätze mit der richtigen Form des Imparfait der in Klammern vorgegebenen Verben. ★★★

1. Autrefois, de nombreuses entreprises ………………………… leurs portes au mois d'août, ce qui ………………………… les ouvriers à prendre leurs quatre semaines de vacances en une seule fois. (fermer, obliger)
2. Quand nous ………………………… de chez nous, nous n'………………………… pas les lumières, à cause des cambrioleurs ! (partir, éteindre)
3. Chaque fois qu'elle le ………………………… s'approcher avec un grand sourire, elle ………………………… . (voir, s'enfuir)
4. L'armée ………………………… les alentours du palais présidentiel, un calme trompeur ………………………… . (occuper, régner)
5. — Que …………………………-vous hier à 19 heures ? (faire)
   — Je ………………………… mon mari devant la télé parce qu'il ………………………… quelque chose d'urgent à faire. (remplacer*, avoir)

* **remplacer** *hier:* ablösen

5. Der Großvater erzählt von früher.
Setzen Sie die richtigen Imparfait-Formen in die Lücken ein. ★★★

Quand j'étais petit, j'habitais (habiter) ① dans un tout petit village sur une colline. Mes parents .... (être) ② très pauvres. Comme mon père ne .... (savoir) ③ pas lire, c'était ma mère qui lui .... (lire) ④ le journal après le repas. Certes mon père .... (être) ⑤ illéttré, mais cela ne l'........................ (empêcher) ⑥ pas de s'intéresser à la vie de son pays. Il .... (avoir) ⑦ aussi une grande passion pour la musique populaire ! Il .... (posséder) ⑧ un accordéon sur lequel il .... (improviser) ⑨ les chansons à la mode. Aussi, quand il y .... (avoir) ⑩ une manifestation dans un village, on .... (venir) ⑪ le chercher pour qu'il joue. Il .... (mettre) ⑫ de l'ambiance dans n'importe quelle fête ! Les gens .... (chanter) ⑬, ... (danser) ⑭, ... (boire) ⑮ du vin et .... (rire) ⑯ jusqu'au petit matin. Cela ne nous .... (faire) ⑰ malheureusement pas vivre, surtout que nous .... (être) ⑱ une grande famille. J'........................ (avoir) ⑲ trois frères et deux sœurs. Nous .... (devoir) ⑳ aider nos parents. Souvent après l'école, nous .... (travailler) ㉑ dans les vignes et nous .... (revenir) ㉒ tout fiers avec notre paye. Cela .... (mettre) ㉓ du « beurre dans les épinards », comme on dit ! Mais dès qu'on .... (pouvoir) ㉔, on .... (s'éclipser) ㉕ pour nous consacrer à notre jeu préféré : dans une carriole que nous nous .... (être) ㉖ confectionnée, nous .... (descendre) ㉗ à toute allure la pente de la colline par un petit chemin cahoteux. Là, nous .... (oublier) ㉘ tout et nous .... (être) heureux ㉙. Parfois, l'un d'entre nous .... (revenir) ㉚ avec un pantalon déchiré. Tu t'imagines comme il .... (craindre) ㉛ la cérémonie d'accueil !! Ma mère .... (prendre) ㉜ son martinet, et le fautif se .... (protéger) ㉝ des coups du mieux qu'il .... (pouvoir) ㉞. En punition, il .... (falloir) ㉟ en plus qu'il recouse le pantalon ! Toi aujourd'hui, tu as de la chance ! Au moins tu ne déchires pas ton pantalon en jouant sur ton ordinateur !

14 Das Passé composé

1. Bilden Sie das Partizip Perfekt. ★

aller	*allé*	habiter	....
travailler	....	se promener	....
finir	....	choisir	....
réussir	....	grandir	....
partir	....	prendre	....
mettre	....	écrire	....
venir	....	lire	....
descendre	....	boire	....
devoir	....	savoir	....
faire	....	ouvrir	....
être	....	avoir	....

2. Ordnen Sie die Verben aus 1 nun in die richtige Spalte ein. ★

J'ai ...		*Je suis ...*	
habité	....	*allé(e)*	....
....	....	....	....
....	....	....	....
....	....	....	....
....	....	....	....
....	....	....	....
....	....	....	....
....	....	....	....
....	....	....	....

3. Setzen Sie die Verben in Klammern ins Passé composé. ★★★

1. Hier, *j'ai travaillé* (travailler) jusqu'à 19 heures.
2. Nous .... (faire) une belle promenade dans la forêt.
3. Elles .... (arriver) en retard et elles .... (rater) leur avion.
4. Est-ce que tu .... (lire) le compte-rendu de la réunion ?
5. À l'anniversaire de Mélanie, nous .... (boire) du champagne et nous .... (manger) du gâteau au chocolat.
6. Elle .... (aller) à Berlin en janvier, elle .... (avoir) très froid et elle .... (rentrer) chez elle avec un bon rhume.
7. Je .... (réussir) à réserver trois places pour la première de Roméo et Juliette mais je .... (devoir) téléphoner trois fois.
8. J'espère que vous .... (apprendre) vos leçons.

4. Beantworten Sie die Fragen wie im Beispiel vorgegeben. ★★

1. — Est-ce que le courrier est arrivé ?
   — *Non, le courrier/il n'est pas arrivé.*
2. — Est-ce que tu as retrouvé ta valise ?
   — Non, ...
3. — Est-ce que vous vous êtes bien reposés ?
   — Non, ...
4. — Est-ce que la société Citel a payé notre facture ?
   — Non, ...
5. — Est-ce que tous les billets ont été vendus ?
   — Non, ...
6. — Et toi Anne, est-ce que tu t'es bien amusée ?
   — Non, ...

5. Setzen Sie die Verben ins Passé composé. ★★★

Elle .... (se lever) ① à 6h, elle .... (prendre) ② une douche et elle .... (s'habiller) ③ ; elle .... (mettre) ④ son tailleur* bleu ciel. Ensuite, elle .... (préparer) ⑤ le petit déjeuner et elle .... (réveiller) ⑥ ses deux enfants de six et neuf ans. Elle .... (boire) ⑦ deux tasses de café, elle .... (se maquiller) ⑧ et .... (se coiffer) ⑨. Elle .... (descendre) ⑩ au garage avec les enfants. Elle .... (emmener) ⑪ les enfants à l'école et elle .... (arriver) ⑫ au bureau à 9h. Elle .... (travailler) ⑬ jusqu'à 13h. Elle .... (manger) ⑭ dans un petit restaurant avec deux collègues et à 14h, elle .... (retourner) ⑮ au bureau. Elle .... (terminer) ⑯ son travail vers 18h30 et elle .... (rentrer) ⑰ chez elle. Elle .... (payer) ⑱ la baby-sitter et elle .... (faire) ⑲ le dîner. Après le repas, elle .... (lire) ⑳ une histoire aux enfants. Elle .... (ranger) ㉑ un peu la maison et .... (allumer) ㉒ la télévision. Elle .... (s'endormir) ㉓ avant la fin du film.

* **le tailleur** das Kostüm (vgl. **le costume** der Anzug!)

6. In diesem Buchstabensalat verbergen sich 12 Partizipien aus dem vorigen Text. Finden Sie heraus, welche es sind! ★★★

S	P	T	N	A	V	C	R	V	N
M	R	E	N	D	O	R	M	I	E
P	I	N	L	I	F	A	I	T	L
O	S	S	F	U	N	N	R	E	P
U	N	F	B	G	C	G	V	D	A
G	E	H	E	T	R	E	P	B	Y
E	D	E	S	C	E	N	D	U	E

7. Gleichen Sie die in Klammern angegebenen Partizipien richtig an. ★★

1. — Où sont les gâteaux que j'ai .... (acheté) ?
   — Je les ai tous .... (mangé), mais j'ai .... (acheté) du chocolat.
2. — Tu as .... (vu) mes clés ?
   — Non, je ne les ai pas .... (vu), je ne sais pas où tu les as .... (mis).
3. — Est-ce que vous avez .... (reçu) mon matériel de bureau ?
   — Non, votre commande n'est pas encore .... (arrivé).
4. — Tu es sûr que ton dossier est complet ?
   — Mais oui ! J'ai .... (écrit) ma lettre de motivation ; les photocopies de mes diplômes, je les ai .... (mis) dans une pochette, et mes certificats de travail sont .... (rangé) dans une enveloppe.
5. — Que se passe-t-il, Monsieur Mercier ?
   — Je ne suis pas content, je vous rapporte les pommes de terre que je vous ai .... (acheté), elles sont noires à l'intérieur, la salade que vous m'avez .... (vendu) est pleine de petites bêtes, je l'ai .... (jeté). Je ne suis pas difficile, mais là c'est trop !

15 Das Imparfait und das Passé composé

1. Imparfait oder Passé composé? Setzen Sie die richtige Vergangenheitsform in die Lücken ein. ★★★

1. Il .... (jouer) de la flûte et tout à coup son pupitre* .... (se renverser).
2. Il .... (lire) attentivement son discours, quand un courant d'air .... (faire) voltiger ses feuilles dans la salle.
3. Comme elle .... (être) mécontente de sa situation professionnelle, elle .... (donner) sa démission.
4. L'avion .... (voler) à haute altitude, quand soudain un individu .... (se précipiter) dans le cockpit et, sous la menace d'une arme, ... (obliger) le commandant de bord à changer de cap*.
5. Lorsqu'il .... (arriver) sur le quai, il .... (voir) son train qui .... (s'éloigner).
6. Je .... (être) confortablement allongé sur la banquette, quand une famille avec trois enfants et un chien .... (entrer) dans le compartiment.
7. Tous les ans pour les grandes vacances, nous .... (faire) du camping au bord de la mer. Un jour, mon père .... (vendre) la tente et il .... (louer) un chalet en montagne.
8. Ils .... (escalader) le versant nord du Mont Blanc, au moment où un orage .... (éclater). Alors, ils .... (se réfugier) sous un rocher et .... (attendre) l'arrivée des secours.

* **le pupitre** der Notenständer; **changer de cap** den Kurs ändern

9. Avant de partir à l'école, la petite fille .... (mettre) son bonnet, son cache-nez et ses gants parce qu'il .... (faire) moins dix degrés.
10. Le gouvernement .... (se décider) à baisser les taxes sur l'essence parce que les camionneurs .... (bloquer) les routes depuis une semaine.
11. Avant, nous .... (passer) nos vacances au Club Med, mais l'année dernière, nous .... (ne pas avoir) envie de boire du champagne tous les jours. Alors, nous .... (acheter) un camping-car, ... (silloner) les routes de France, ... (boire) de l'eau et nous .... (ne pas faire) de sport.
12. Depuis de longues années, elle .... (vouloir) un enfant, mais elle .... (ne plus espérer). Un matin, la cigogne lui en .... (apporter) un !

2. Setzen Sie die Verben in die richtige Zeit. ★★★

Il .... (pleuvoir) ① inlassablement depuis trois jours, de lourds nuages gris .... (envelopper) ② les montagnes. Le quatrième jour, lorsqu'il .... (se réveiller) ③, le soleil .... (inonder) ④ sa chambre. Il .... (se lever) ⑤ d'un bond, ... (enfiler) ⑥ son jean et .... (s'installer) ⑦ sur le balcon pour prendre son petit déjeuner. Il .... (savourer) ⑧ ses croissants, quand tout à coup, la maison .... (se mettre) ⑨ à trembler. Pris de panique, il .... (se pencher) ⑩ par-dessus la balustrade et il .... (voir) ⑪ un éléphant qui .... (se gratter) ⑫ le dos au poteau qui .... (soutenir) ⑬ le balcon.

3. Beantworten Sie die folgenden Fragen und ordnen Sie anschließend die Verben wie im Beispiel vorgegeben zu. ★★

1. — Pourquoi n'avez-vous pas livré ma commande ?
   — Parce que les livreurs *étaient* (être) en grève.
   — Parce que nous *avons égaré* (égarer) votre bon de commande.
2. — Pourquoi n'êtes-vous pas venu à la conférence ?
   — Parce que je .... (être) malade.
   — Parce qu'on me .... (appeler) pour une urgence.
3. — Pourquoi n'as-tu pas téléphoné ?
   — Parce que mon téléphone .... (être) en dérangement.
   — Parce que je .... (ne pas avoir) le temps.
4. — Pourquoi ont-ils divorcé ?
   — Parce qu'il .... (rencontrer) une autre femme.
   — Parce qu'ils .... (ne plus s'aimer).
5. — Pourquoi n'as-tu pas ouvert ?
   — Parce que je .... (ne pas entendre) la sonnette.
   — Parce que je .... (travailler) et je .... (ne pas vouloir) être dérangé.
6. — Pourquoi avez-vous vendu votre voiture ?
   — Parce qu'elle .... (avoir) trop de kilomètres.
   — Parce que l'essence .... (coûter) trop cher.

situation	*évènement*
(les livreurs) étaient en grève	*(nous) avons égaré*
....	....
....	....
....	....
....	....
....	....

16 Das Plusquamperfekt

1. Bilden Sie das Plusquamperfekt aus dem Passé composé. ★

Passé composé	Plusquamperfekt
1. j'ai préparé	→ *j'avais préparé*
2. tu as fini	→ tu …………
3. il a fait	→ il …………
4. elle a mis	→ elle …………
5. on a perdu	→ on …………
6. nous avons bu	→ nous …………
7. vous avez reçu	→ vous …………
8. ils ont ouvert	→ ils …………
9. elles ont dû	→ elles …………
10. j'ai eu	→ j' …………
11. tu as été	→ tu …………

2. Bilden Sie wiederum das Plusquamperfekt aus dem *passé composé*. ★

Passé composé	Plusquamperfekt
1. je suis allé	→ j'…………
2. tu t'es ennuyé	→ tu t'…………
3. il est sorti	→ il …………
4. elle s'est reposée	→ elle s'…………
5. on s'est souvenu	→ on s'…………
6. nous sommes descendus	→ nous …………
7. vous êtes venus	→ vous …………
8. ils se sont assis	→ ils s'…………
9. elles se sont assises	→ elles s'…………

3. Vervollständigen Sie die Tabelle. ★

	voyager	partir	prendre	avoir
j'	*avais voyagé*			
tu		*étais parti(e)*		
il, elle, on			*avait pris*	
nous				*avions eu*
vous		*étiez parti(e)s*		
ils, elles			*avaient pris*	

4. In welcher Reihenfolge haben diese Handlungen stattgefunden? Lesen Sie die Sätze und tragen Sie die Verben anschließend in die Tabelle ein. ★★

1. Jérôme avait passé des nuits entières à apprendre par cœur les topos de son prof, aussi il a été reçu à son examen avec mention bien !
2. Ma mère mettait à mijoter* tous les ingrédients qu'elle avait fait mariner la veille.
3. Maryvonne Pirec, championne du 100m, n'a pas pu participer aux JO**, car elle s'était blessée pendant l'entraînement.
4. Il a eu un accident avec la voiture que sa grand-mère lui avait prêtée pour faire ses courses.
5. De nombreux pensionnaires de la maison de retraite, qui avaient mangé des coquilles St Jacques au réveillon, ont dû être hospitalisés.

	erste Handlung	zweite Handlung
1.	*il avait passé*	*il a été reçu*
2.		
3.		
4.		
5		

* **mijoter** köcheln
** **JO** Jeux olympiques

5. Setzen Sie die angegebenen Verben ins Plusquamperfekt. ★★

1. — Pourquoi l'inauguration a-t-elle été repoussée ?
   — Parce que les travaux .... (ne pas terminer).
2. — Pourquoi le ministre a-t-il été obligé de démissionner ?
   — Parce qu'il .... (empocher) des pots de vin* et parce qu'il .... (prendre) des mesures impopulaires.
3. — Pourquoi s'est-il retrouvé au chômage ?
   — Parce qu'il .... (organiser) un mouvement de grève.
4. — Comment ont-ils développé leur stratégie de marketing ?
   — À la suite d'un sondage qu'ils .... (effectuer) auprès de 3000 consommateurs.
5. — Pourquoi n'as-tu pas vu le début du film ?
   — Parce que le film .... (déjà commencer) quand nous sommes arrivés.

6. Lesen Sie den folgenden Zeitungsbericht und setzen Sie die in Klammern angegebenen Verben in die Vergangenheit (Imparfait, Passé composé oder Plusquamperfekt). ★★★

Cette nuit, un accident .... (se produire) ① sur la nationale 137 entre Saintes et Mirambeau. Un camionneur qui .... (circuler) ② en direction de Bordeaux .... (perdre) ③ le contrôle de son véhicule dans un virage. Une voiture, dans laquelle .... (se trouver) ④ quatre jeunes gens, ... (arriver) ⑤ en sens inverse. Heureusement, le conducteur .... (pouvoir) ⑥ éviter le camion. Celui-ci .... (s'immobiliser) ⑦ dans le fossé. Les jeunes gens .... (réveiller) ⑧ le chauffeur qui .... (s'endormir) ⑨ : il .... (rouler) ⑩ plus de dix heures sans s'arrêter.

* **des pots de vin** (m.) Schmiergelder

17 Das Futur I und II

1. Bilden Sie das Futur aus dem Infinitiv. ★★

Infinitiv	Futur
1. parler	→ *je parlerai*
2. acheter	→ tu ....
3. appeler	→ il ....
4. jeter	→ elle ....
5. choisir	→ on ....
6. partir	→ nous ....
7. écrire	→ vous ....
8. prendre	→ ils ....
9. devoir	→ elles ....
10. payer	→ nous ....
11. envoyer	→ vous ....
12. essuyer	→ ils ....

2. Vervollständigen Sie die Tabelle. ★

	aller	être	venir	avoir
j', je	*irai*			
tu		*seras*		
il, elle, on			*viendra*	
nous				*aurons*
vous				
ils, elles				

3. Setzen Sie die Verben von der unmittelbaren in die einfache Zukunft. ★★

1. je vais courir	→	je *courrai* ....
2. tu vas faire	→	tu ....
3. il va vouloir	→	il ....
4. elle va pouvoir	→	elle ....
5. on va savoir	→	on ....
6. nous allons nous voir	→	nous ....
7. vous allez recevoir	→	vous ....
8. ils vont croire	→	ils ....
9. elles vont boire	→	elles ....
10. il va mourir	→	il ....
11. cela va valoir cher	→	cela .... cher
12. ils vont tenir bon	→	ils .... bon

4. Setzen Sie die folgenden Sätze ins Futur.

Aujourd'hui	*Demain*
1. Il ne fait pas beau.	Il ....
2. Il y a des nuages.	Il ....
3. Le temps est couvert.	Le temps ....
4. Il y a du vent.	Il ....
5. Il pleut.	Il ....
6. Il neige en altitude.	Il ....
7. Il gèle la nuit.	Il ....
8. Il faut prendre sa petite laine.	Il ....

5. Formulieren Sie die folgenden guten Vorsätze wie im Beispiel vorgegeben aus. ★★

1. arrêter de fumer – faire de la gymnastique tous les matins – puis prendre une douche froide – ne plus boire d'alcool

L'année prochaine, *j'arrêterai de fumer, je* ....

....

....

2. lui faire des compliments – lui dire qu'elle est la meilleure compagne du monde – lui écrire des mots gentils avant de partir en déplacement – l'encourager dans son travail – la soutenir en cas de problèmes dans sa profession

Si ma femme revient, je ....

....

....

3. respecter les limitations de vitesse – garder son calme devant les gendarmes – se méfier des contrôles-radar – s'arrêter aux feux rouges – ne pas suivre de trop près la voiture qui précède

Quand la police te rendra ton permis de conduire, tu ....

....

....

4. vendre notre grande maison – acheter un « mobil-home » – pouvoir partir quand nous (vouloir) – parcourir l'Europe – ne plus avoir besoin de visa ni de vaccins – avoir des amis partout – et être libre ... et oui, peut-être, un jour, quand nos enfants seront adultes !

Quand nos enfants gagneront leur vie, nous ....

....

6. Ergänzen Sie den Brief mit den vorgegebenen Verben im Futur I. ★★

Paris, le 25 mai

Ma chère Sophie,

J'ai reçu ta lettre ce matin dans laquelle tu me proposes des vacances de rêve dans la petite maison de ton grand-père au milieu des vignobles du Roussillon. Je me réjouis déjà des journées de plaisir que nous .... (vivre) ① ensemble ! C'est vraiment très gentil d'avoir pensé à moi !

Tu me dis que Laurent et toi, vous .... (venir) ② y passer tout l'été avant de retourner à la fac au mois d'octobre. Malheureusement, je n'.................... (avoir) ③ pas autant de jours de congés, mais je te .... (prévenir) ④ dès que je .... (savoir) ⑤ quand je .... (pouvoir) ⑥ m'absenter d'ici. Ces vacances, c'est exactement ce qu'il me .... (falloir) ⑦ pour me ressourcer. J'.................... (aller) ⑧ chercher le pain chez le boulanger tous les matins à vélo, c'est promis !

Je t'embrasse et à très bientôt.

Isabelle

7. Bilden Sie das Futur II aus dem Perfekt. ★★★

Perfekt		Futur II
1. je suis sorti	→	je *serai sorti*
2. tu t'es levé	→	tu ....
3. il est entré	→	il ....
4. vous êtes parti(e)s	→	vous ....
5. elles sont venues	→	elles ....

8. Bilden Sie das Futur II. ★

Perfekt		Futur II
1. j'ai montré	→	*j'aurai montré*
2. tu as fait ton travail	→	tu ....
3. on a choisi	→	on ....
4. nous avons réfléchi	→	nous ....
5. ils ont reçu	→	ils ....

9. Bilden Sie das Futur II aus dem Futur I. ★★★

Futur I		Futur II
1. j'enverrai	→	j'........................
2. tu recevras	→	tu ....
3. il faudra	→	il ....
4. nous terminerons	→	nous ....
5. ils reviendront	→	ils ....

10. Setzen Sie die vorgegebenen Verben ins Futur II. ★★★

1. Tu iras jouer, quand tu .... (finir) tes devoirs.
2. L'avion décollera, dès que les pompistes .... (faire) le plein de carburant.
3. Fin septembre, les derniers vacanciers .... (repartir), alors les boutiques et les restaurants fermeront.
4. Quand le président .... (s'excuser), les pourparlers pourront reprendre.
5. Je croirai les faits, quand vous les .... (prouver).

11. In welcher Reihenfolge finden die folgenden Handlungen statt? ★

1. Nous commencerons la leçon quand vous aurez ouvert votre livre.
2. Prévenez-moi quand vous aurez reçu les médicaments.
3. Je viendrai te voir quand tu auras fini de faire la tête !
4. Quand le livreur aura déchargé le lave-linge de son camion, il dégagera la chaussée.
5. Les adolescents qui n'auront pas montré leur carte d'identité ne pourront pas voir ce film, interdit aux moins de 16 ans.

	erste Handlung	zweite Handlung
1.	vous aurez ouvert	nous commencerons
2.		
3.		
4.		
5.		

12. Formulieren Sie die folgenden Sätze wie im Beispiel vorgegeben mithilfe des Futur I und II um. ★★★

1. Vous finissez cette lettre et ensuite, je la signe.
   Quand vous aurez fini cette lettre, je la signerai.
2. Vous prenez ces comprimés et vous revenez me voir.
   ……
3. Vous faites votre mise en page, puis vous n'oubliez pas de sauvegarder.
   ……
4. L'agence de réservation reçoit le montant du prix des places, et elle envoie les billets.
   ……
5. En France, les travailleurs font grève et ensuite les employeurs négocient sérieusement.
   ……

18 Das Conditionnel

1. Bilden Sie das Conditionnel aus dem Futur. ★

Futur		Conditionnel
1. je parlerai	→	je *parlerais* ....
2. tu te promèneras	→	tu ....
3. il finira	→	il ....
4. nous dirons	→	nous ....
5. vous comprendrez	→	vous ....
6. elles pourront	→	elles ....

2. Bilden Sie das Conditionnel aus dem Imparfait. ★★

Imparfait		Conditionnel
1. je marchais	→	je ....
2. tu te levais	→	tu ....
3. elle choisissait	→	elle ....
4. nous lisions	→	nous ....
5. vous buviez	→	vous ....

3. Vervollständigen Sie die Tabelle. ★

	aller	être	avoir	faire
je, j'	*irais*	....	....	....
tu	....	*serais*	....	....
il, elle, on	....	....	*aurait*	....
nous	....	....	....	*ferions*
vous	....	*seriez*	....	....
ils, elles	....	....	*auraient*	....

4. Was drückt das Conditionnel in den folgenden Sätzen aus? Wählen Sie aus den vorgegebenen Möglichkeiten jeweils die passende aus. ★★

désir/souhait politesse conseil condition futur dans le passé hypothèse

1. Vous devriez vous coucher plus tôt. ....
2. Pourriez-vous me faire la monnaie de 20 euros ? ....
3. Il me disait qu'il m'aimerait toujours. ....
4. Je les achèterais si vous les aviez en noir. ....
5. On dirait qu'il va neiger. ....
6. Je voudrais du papier à dessin. ....
7. À ta place, je ferais plus attention. ....
8. John Le Carré aurait été agent secret ! ....
9. Nous aimerions que tu viennes avec nous. ....
10. Si on te proposait un travail aux U.S.A., tu irais ? ....

5. Formulieren Sie die Wünsche mithilfe der Höflichkeitsform um. ★★

1. Je veux seulement deux croissants.
   Je voudrais seulement deux croissants.
2. Nous désirons une chambre avec salle de bains.
   ....
3. Vous pouvez me donner un timbre ?
   ....
4. Je souhaite recevoir votre documentation.
   ....
5. Nous voulons une nouvelle machine à café pour le bureau.
   ....
6. Est-ce que vous avez une feuille et un stylo pour moi ?
   ....

6. Formulieren Sie die guten Ratschläge wie im Beispiel vorgegeben um. ★★

1. Tu dois sortir pour te changer les idées.
   Tu devrais sortir pour te changer les idées.
2. Vous devez manger plus de légumes verts.
   ....
3. Les enfants doivent boire moins de coca.
   ....
4. Nous devons moins regarder la télévision.
   ....
5. Tu dois arriver à l'heure au travail.
   ....
6. Elle doit s'inscrire à un club de gymnastique.
   ....

7. Formulieren Sie die folgenden Sätze so um, dass aus der Behauptung eine Annahme wird. ★★★

1. La directrice nous accorde deux jours de congés supplémentaires.
   La directrice nous accorderait deux jours de congés supplémentaires.
2. Une Chinoise a battu le record du 100m nage libre.
   ....
3. D'après Sandra, nous avons gagné une croisière.
   ....
4. Les Lemoine sont allés au Pakistan pour adopter des enfants.
   ....
5. Il envoie des méls à tous ses amis pendant ses heures de travail.
   ....

8. Vervollständigen Sie die folgenden Sätze mit der richtigen Form der in Klammern vorgegebenen Verben. ★★★

1. Si j'avais un grand appartement, je .... (faire) une grande fête.
2. Je t'aurais envoyé une carte postale, si je .... (avoir) ton adresse.
3. Si les adversaires n'acceptent pas le compromis, la guerre .... (continuer).
4. Nous .... (prendre) quelques jours de vacances, si nous trouvions quelqu'un pour nous remplacer.
5. Il t'aurait sûrement aidé, si tu le lui .... (demander).
6. J'achète tout de suite la voiture, si vous me .... (faire) un bon prix.
7. Elle .... (comprendre) mieux, si tu lui expliquais plus lentement.
8. Si vous alliez voir un psychologue, il .... (pouvoir) sûrement vous aider.
9. Si tu .... (être) sage, je t'emmène au cirque.

9. Ordnen Sie jedem Satzanfang das passende Satzende zu. ★★

1. Si on me propose un poste à la Martinique,
2. S'il me demandait en mariage,
3. S'il neige,
4. S'il avait neigé,
5. Si Mario n'avait pas été malade,
6. Si l'arbitre annule le dernier but,
7. Si j'avais moins d'impôts à payer,
8. Si j'ai moins d'impôts à payer,

a) je m'offrirai une semaine de vacances.
b) je vivrais mieux.
c) la piste serait moins gelée.
d) nous aurions gagné le match.
e) elle ne pourra pas venir.
f) j'accepterais.
g) j'accepte tout de suite.
h) nous avons gagné.

10. Vervollständigen Sie den folgenden Wunschtraum mit der richtigen Form der in Klammern vorgegebenen Verben. ★★

Si je pouvais prendre ma retraite, je le ………… (faire) ① tout de suite. Je me ………… (acheter) ② une petite maison près d'un lac et je ………… (aller) ③ à la pêche tous les jours. Je ………… (apporter) ④ mes poissons au petit restaurant du village et le cuisinier me ………… (préparer) ⑤ de bons petits plats.

Ma maison ………… (être) ⑥ très simple mais confortable, avec une grande cheminée et une belle bibliothèque.

Je ………… (pouvoir) ⑦ enfin réaliser un vieux projet : écrire des romans policiers ; je ………… (inventer) ⑧ un nouveau détective privé, bien plus moderne qu'Hercule Poirot.

Comme je n'ai pas l'intention de devenir ermite, le week-end ou pendant les vacances, mes amis ………… (venir) ⑨ me rendre visite et nous ………… (organiser) ⑩ de belles soirées ; Christophe ………… (jouer) ⑪ de la guitare et Julien du saxo. Je ………… (lire) ⑫ mes manuscripts et mes amis ………… (être) ⑬ les premiers à découvrir les aventures de mon héros.

La vie ………… (être) ⑭ belle, plus de stress, tous mes copains me ………… (envier) ⑮. Malheureusement la retraite, ce ………… (ne pas être) ⑯ pour demain !

19 Der Subjonctif

1. Bilden Sie den Subjonctif *présent* aus dem Indikativ Präsens. ★

Indikativ Präsens	Subjonctif *présent*
1. ils chantent	→ que je chante
2. ils rangent	→ que tu ....
3. ils jettent	→ qu'il ....
4. ils achètent	→ que nous ....
5. ils se promènent	→ que tu ....
6. ils commencent	→ que vous ....
7. ils appellent	→ qu'il ....
8. ils se lavent	→ que vous ....

2. Bilden Sie den Subjonctif *présent* aus dem Indikativ Präsens. ★★

Indikativ Präsens	Subjonctif *présent*
1. ils finissent	→ que je ....
2. ils choisissent	→ que tu ....
3. ils partent	→ qu'il ....
4. ils courrent	→ que nous ....
5. ils disent	→ que vous ....
6. ils lisent	→ qu'ils ....
7. ils prennent	→ que tu ....
8. ils vendent	→ qu'elle ....
9. ils doivent	→ que tu ....
10. ils boivent	→ que nous ....
11. ils croient	→ que vous ....
12. ils voient	→ que nous ....

3. Wie lautet der Infinitiv dieser unregelmäßigen Subjonctif-Formen? ★★

Subjonctif *présent*	Infinitiv
1. que tu ailles	....
2. qu'il fasse	....
3. qu'il faille	....
4. que nous soyons	....
5. que j'aie	....
6. que nous puissions	....
7. que vous sachiez	....
8. que tu veuilles	....

4. Warum stehen die unterstrichenen Verben im Subjonctif? Vermerken Sie das entsprechende Kriterium in den Kästchen. ★★

a) Subjonctif après un verbe exprimant la volonté
b) Subjonctif après un verbe exprimant le désir
c) Subjonctif après une structure impersonnelle
d) Subjonctif après l'expression d'un doute
e) Subjonctif après l'expression d'un regret
f) Subjonctif après l'expression de la joie
g) Subjonctif après l'expression d'une opinion personnelle à la forme négative

1. Je veux <u>que tu travailles</u> plus.	a
2. Il ne pense pas <u>que</u> ce <u>soit</u> bien.	
3. Il faut <u>que vous vous reposiez</u>.	
4. Nous sommes très heureux <u>que vous soyez venus</u>.	
5. Il a envie <u>que tu viennes</u> le voir.	
6. C'est dommage <u>que vous partiez</u>.	
7. Elle n'est pas sûre <u>que nous puissions</u> le faire.	

5. Formulieren Sie die Sätze wie im Beispiel vorgegeben um. ★★

1. Il doit se lever plus tôt le matin.
   Il faut qu'il se lève plus tôt le matin.
2. Vous devez vous présenter à 10h.
   ....
3. Tu dois prendre l'autoroute jusqu'à Rennes.
   ....
4. Je dois rendre cette analyse dans 15 jours.
   ....
5. Nous ne devons plus faire d'heures supplémentaires.
   ....
6. Elle ne doit pas aller toute seule à la fête.
   ....

6. Verneinen Sie die folgenden Sätze. ★★

1. Je pense qu'il faut construire cette route.
   Je ne pense pas qu'il faille construire cette route.
2. Nous pensons que ce projet est bon pour la région.
   ....
3. Ils sont sûrs que tu comprends leur situation.
   ....
4. Elle trouve que nous dépensons trop d'argent.
   ....
5. Je crois que c'est le moment de partir.
   ....
6. Nous sommes certaines que tu as raison.
   ....

7. Indikativ oder Subjonctif? Setzen Sie die richtige Verbform ein. ★★★

1. J'ai fait un petit feu de cheminée, afin que vous .... (avoir) moins froid.
2. En attendant que les autres .... (arriver), je propose que nous .... (boire) un petit verre.
3. J'ai acheté un foulard en soie pour ta mère parce qu'il .... (être) en solde, à moins que tu ne .... (vouloir) l'offrir à ta sœur !
4. Il faut manger le gratin tant qu'il .... (être) chaud.
5. Si nous attendons jusqu'à ce qu'il .... (faire) nuit, nous ne .... (voir) plus rien.
6. Nous cherchons un cadeau qui .... (ne pas être) trop cher mais qui .... (faire) de l'effet.
7. Je voudrais un télécopieur que je .... (pouvoir) aussi utiliser comme téléphone.

8. Vervollständigen Sie den Dialog zwischen der Chefin und dem Angestellten mit der richtigen Form der in Klammern vorgegebenen Verben. ★★★

— Il faut que nous .... (parler) sérieusement. J'ai l'impression que vous .... (ne pas aimer) votre travail.

— Oh si ! Madame la Directrice, je suis très content que vous m'.............................. (avoir) donné ce travail.

— Alors, pourquoi est-ce que vous .... (arriver) tous les jours en retard et que vous .... (partir) toujours le premier, bien que votre travail .... (ne pas être) terminé ?

— Mais Madame la Directrice, je respecte l'horaire à la carte : il est permis que nous .... (arriver) jusqu'à 9h et que nous .... (partir) à partir de 15h.

20 Der Imperativ

1. Wie lautet der Imperativ dieser Verben? ★★

2. Person Sing. (*tu*)		1. Person Pl. (*nous*)		2. Person Pl. (*vous*)	
parler	*parle !*	aller	....	travailler	....
venir	....	partir	....	finir	....
être	....	avoir	....	faire	....
prendre	....	rendre	....	écrire	....
savoir	....	boire	....	croire	....
se dépêcher	....	s'amuser	....	se lever	....

2. Verleihen Sie diesen Aufforderungen und Ratschlägen größeren Nachdruck. ★★

1. Tu dois manger des fruits. *Mange des fruits !*
2. Tu dois choisir. ....
3. Nous devons faire des efforts. ....
4. Vous devez vous concentrer. ....
5. Nous devons avoir confiance. ....
6. Vous devez être patient. ....

3. Formulieren Sie die folgenden Sätze wie im Beispiel vorgegeben um. ★★★

1. Vous ne devez pas vous lever. *Ne vous levez pas !*
2. Tu ne dois pas te dépêcher. ....
3. Nous ne devons pas partir. ....
4. Tu ne dois pas avoir peur. ....
5. Vous ne devez pas perdre espoir. ....
6. Nous ne devons pas nous égarer. ....

4. Verneinen Sie die folgenden Aufforderungen. ★★★

1. Prends le métro pour rentrer.
   Ne prends pas le métro pour rentrer.
2. Allez voir le nouveau film de Luc Besson.
   ....
3. Fais-le !
   ....
4. Vendez votre vieille voiture, mais vendez-la !
   ....
5. Donne cette lettre à la voisine, donne-la lui tout de suite !
   ....
6. Allons à la piscine, (vite) allons-y.
   ....
7. Des pommes de terre, donnez-m'en (trois kilos).
   ....
8. Répondez-lui par mél*.
   ....
9. Votez pour lui !
   ....
10. Envoie-moi le contrat par fax.
   ....
11. Prends la petite sculpture, tourne-la, touche-la.
   ....
12. Vas-y, approche-toi, vas la chercher, surtout, rapporte-la-moi !
   ....

* **le mél** die E-Mail

21 Das Partizip Präsens und das Gérondif

1. Bilden Sie das Partizip Präsens der folgenden Verben. ★★

parler	*parlant*	aller	allant
lancer	lancant	manger	mangeant
avoir	avant	choisir	choissisant
être	etant	prendre	prendant
faire	faisant	voir	
ouvrir	ouvrant	croire	croi
venir	venant	s'asseoir	
lire	lisant	écrire	ecrivant

2. Formulieren Sie die Sätze wie im Beispiel vorgegeben um. ★★

1. Je l'ai vu qui fumait un gros cigare.
   Je l'ai vu fumant un gros cigare.
2. Comme ses élèves n'étaient pas venus, le professeur est reparti.
3. Il a bousculé tout le monde, il est vite monté dans le train.
4. Comme la date limite est dépassée, vous ne pouvez plus vous inscrire.
5. Nous les avons surpris qui écoutaient à la porte.
6. Il m'a aidé parce qu'il a vu que je n'y arrivais pas tout seul.

3. Verbinden Sie die Satzteile wie im Beispiel vorgegeben mit einem Gérondif. ★★

1. Il ne faut pas parler et mâcher du chewing-gum.
   Il ne faut pas parler en mâchant du chewing-gum.
2. Il écoute la radio quand il conduit.
3. Je voyage et je fais la connaissance de beaucoup de gens.
4. Il rentre chez lui et siffle une petite mélodie.

4. Formulieren Sie die Hausordnung mithilfe des Gérondif um. ★★

1. Il ne faut pas monter les escaliers et faire du bruit.
   Il ne faut pas monter les escaliers en faisant du bruit.
2. Il ne faut pas faire de bruit quand vous fermez les portes.
3. Il ne faut pas utiliser trop d'eau pour laver les escaliers.
4. Il faut faire attention si vous transportez des meubles.
5. Il faut faire attention quand vous arrosez vos plantes du balcon.
6. Veuillez respecter le repos des voisins et donc ne pas faire de bruit après 22 heures.
7. Si ces petites règles sont suivies, tout le monde sera content !

22 Das Passiv

1. Formulieren Sie die Schlagzeilen wie im Beispiel vorgegeben um. ★★★

1. Sensationnel ! Découverte de l'os le plus vieux du monde en Australie.
   L'os le plus vieux du monde a été découvert en Australie.
2. Arrestation du fils de l'ancien Président de la République pour trafic d'armes.
3. Samedi, 18h : vente aux enchères des bijoux de la comtesse de Cavignac.
4. Le 31 mars prochain, fermeture en France des dernières usines du spécialiste japonais de l'électronique.
5. Jeudi dernier : cambriolage au musée d'Art moderne d'Aix-en-Provence.
6. Inauguration de l'exposition Jean-Baptiste Corot par le maire de Saint-Avran en présence du préfet, mardi prochain à l'Hôtel de ville.
7. Pour la première fois, attribution du Prix Nobel de littérature à un écrivain chinois.

2. Setzen Sie die folgenden Aktivsätze ins Passiv. Tipp: Beachten Sie die Verbzeiten! ★★★

1. Le bûcheron coupait le bois.
   Le bois était coupé par le bûcheron.
2. La mère prépare le repas.
   ....
3. Des jeunes commettraient des actes de vandalisme dans le centre-ville.
   ....
4. Des extrémistes de droite auraient attaqué des colleurs d'affiches.
   ....
5. L'Office franco-allemand pour la jeunesse a sponsorisé le séjour de cinquante jeunes Français en Allemagne.
   ....
6. Le chat de Sophie avait mangé tous les poissons rouges du petit Simon.
   ....
7. Le PSG a battu le Racing Club par trois buts à zéro.
   ....
8. Le tribunal de Lille acquitte le cycliste français qui s'est dopé.
   ....

3. Setzen Sie nun die folgenden Passivsätze ins Aktiv. Achten Sie dabei auf die Veränderlichkeit der Partizipien und der Verben. ★★

1. La victime avait été trouvée par des passants.
   Des passants avaient trouvé la victime.
2. Le nouveau président des États-Unis a été élu par les Grands Électeurs.
   ....
3. À Noël, les cadeaux sont déposés dans les chaussures des petits et des grands par le Père Noël.
   ....

4. Les sujets d'examens seront choisis par une commission.

....

5. Le voleur aurait été surpris par le gardien de nuit.

....

6. Le trafic ferroviaire était perturbé par le froid.

....

7. Tous les supporters avaient été contrôlés par la police.

....

4. *Par* oder *de*? Vervollständigen Sie diese Passivsätze mit der richtigen Präposition. ★★

1. Un nouvel impôt a été instauré .... le gouvernement.
2. Cette chanson est bien connue .... tout le monde.
3. Les naufragés auraient été recueillis .... un bateau norvégien.
4. Le Premier Ministre était accompagné .... sa femme.
5. Le roi Beaudoin était très aimé .... tous les Belges.
6. Mon sac a été retrouvé .... un passant.

5. Vervollständigen Sie die Sätze mit einer der folgenden Umschreibungen des Passivs: *on*, Pronominalformen mit *se* oder *se faire*.

1. *On* n'a toujours pas trouvé de vaccin contre le SIDA.
2. .... a mal programmé la machine.
3. Si tu continues, tu vas .... renvoyer.
4. Pour le passage du Tour de France, ... avait barré toutes les routes.
5. Hier, les sportifs .... raser le crâne.
6. Chez nous, les asperges .... mangent avec une vinaigrette.
7. Chez nous, ... boit le café après le repas.

23 Die indirekte Rede

1. Ergänzen Sie die Dialoge wie im Beispiel vorgegeben. ★

1. — Je n'ai pas envie de sortir.
   — Qu'est-ce qu'elle dit ?
   — *Elle dit qu'elle n'a pas envie de sortir.*

2. — Nous vous avons réservé une chambre avec vue sur la mer.
   — Pardon ?
   — Je dis que ……………………………………………………

   ……………………………………………………

3. — Cet été, nous avons eu beaucoup de chance avec le temps.
   — Qu'est-ce que vous dites ?
   — Nous disons que ……………………………………………………

   ……………………………………………………

4. — L'année prochaine, j'irai en vacances chez ma sœur.
   — Qu'est-ce qu'il dit ?
   — Il dit que ……………………………………………………

   ……………………………………………………

5. — Pour Noël, je n'ai pas eu de stress car j'avais acheté tous mes cadeaux début décembre.
   — Qu'est-ce qu'elle dit ?
   — Elle dit que ……………………………………………………

   ……………………………………………………

6. — Depuis que Valérie a un portable, on ne peut plus discuter normalement avec elle parce que son appareil sonne sans arrêt.
   — Qu'est-ce que tu dis ?
   — Je dis que ……………………………………………………

   ……………………………………………………

2. Beantworten Sie die Fragen nun in der Vergangenheit. ★★

1. — Je n'ai pas envie de sortir.

   — Qu'est-ce qu'elle a dit ?

   — *Elle a dit qu'elle n'avait pas envie de sortir.*

2. — Nous vous avons réservé une chambre avec vue sur la mer.

   — Pardon, qu'est-ce que tu as dit ?

   — J'ai dit que ....

3. — Cet été, nous avons eu beaucoup de chance avec le temps.

   — Qu'est ce que vous avez dit ?

   — Nous avons dit que ....

4. — L'année prochaine, j'irai en vacances chez ma sœur.

   — Qu'est-ce qu'il a dit ?

   — Il a dit que ....

5. — Pour Noël, je n'ai pas eu de stress car j'avais acheté tous mes cadeaux début décembre.

   — Qu'est-ce qu'elle a dit ?

   — Elle a dit que ....

6. — Depuis que Valérie a un portable, on ne peut plus discuter normalement avec elle parce que son appareil sonne sans arrêt.

   — Qu'est-ce que tu as dit ?

   — J'ai dit que ....

3. Setzen Sie die Ansprache des neuen Abteilungsleiters in die indirekte Rede. Vergessen Sie dabei nicht, die einleitenden Verben zu ergänzen. ★★★

« Je suis très heureux d'être à la tête d'une équipe dynamique. Je viens de Rennes où j'ai été chef de projet pendant trois ans. En ce moment, je m'installe avec ma famille et je découvre Toulouse, une ville que je ne connaissais pas. Pour moi, le travail d'équipe est primordial et nous aurons des réunions régulières à différents niveaux. Je tiens à être informé régulièrement du stade de développement des différents projets dont nous allons nous occuper ensemble. Je suis sûr que nous ferons du bon travail et j'attends évidemment que chacun s'engage pleinement dans ses tâches respectives.
Nos concurrents sont forts, c'est à nous de prouver que nous sommes les meilleurs. »

Il n'a pas l'air mal le nouveau, il a dit qu'il était très heureux d'être à la tête d'une équipe dynamique. Il a expliqué …

4. Formulieren Sie die direkten Fragesätze in indirekte um. ★★★

1. Qu'est-ce que tu fais demain ?

   Je te demande ce que tu fais demain. ……………………

   Je t'ai demandé ce que tu faisais demain. ……………………

2. Vous avez répondu à la lettre de madame Rieux ?

   Je vous demande ……………………

   Je vous ai demandé ……………………

3. Est-ce que vous pouvez me donner le numéro des Lefèvre ?

   Il voudrait savoir ……………………

   Il voulait savoir ……………………

4. Quand est-ce que vous reprenez le travail ?

   Je vous demande ……………………

   Je vous ai demandé ……………………

5. Où est-ce qu'il a caché mon chapeau ?

   Je veux savoir ……………………

   Je voulais savoir ……………………

6. Pourquoi est-ce que ça fonctionne dans votre magasin et pas chez moi ?

   J'aimerais bien savoir ……………………

   Je voulais bien savoir ……………………

7. Qui as-tu invité à ton anniversaire ?

   Ton père voudrait savoir ……………………

   Ton père voulait savoir ……………………

8. Est-ce que je pourrais sortir une heure plus tôt ?

   Elle demande ……………………

   Elle a demandé ……………………

5. Setzen Sie den Dialog in die indirekte Rede. Leiten Sie die Sätze zunächst im Präsens und anschließend in der Vergangenheit ein. ★★★

Sophie: Qu'est-ce que tu fais ce soir ?

Alex: Je ne sais pas encore.

S: Marie va au cinéma, on pourrait aller avec elle.

A: Je n'aime pas beaucoup aller au cinéma avec elle, la dernière fois, elle a parlé pendant tout le film et je n'ai rien compris.

S: Alors, est-ce que tu veux aller chez Christian, il organise une petite soirée ?

A: Je n'irai certainement pas, il est tellement avare qu'il n'achète que des boissons bon marché. Quand on sort de chez lui, on a mal à la tête et en plus on a faim.

S: Qu'est-ce qui te plairait ?

A: Je suis fatigué et j'ai un examen dans deux jours.

S: Pourquoi est-ce que tu ne l'as pas dit tout de suite ? Dans ces conditions, j'irai au ciné avec Marie et après on ira certainement chez Christian. Salut !

1. Sophie demande à Alex *ce qu'il fait ce soir.* ....

....

....

....

....

....

2. Sophie a demandé à Alex *ce qu'il faisait ce soir.* ....

....

....

....

....

....

....

24 Die Verneinung

1. Formulieren Sie die folgenden Sätze wie im Beispiel vorgegeben um. ★★

1. Je suis fatigué. J'ai trop travaillé.
   Je ne suis pas fatigué. Je n'ai pas trop travaillé.
2. Elle se promène dans la neige car elle aime l'hiver.
   ……
3. Samedi, nous partons à Strasbourg et nous pourrons vous emmener.
   ……
4. Les boulangeries sont ouvertes le dimanche.
   ……
5. J'ai fait les courses et j'ai préparé le dîner.
   ……
6. Hier soir, nous avons regardé la télévision et après nous avons joué aux cartes.
   ……

2. Verneinen Sie die folgenden Fragen. ★

1. — Vous avez encore du pain ?
   — *Non, je n'ai plus de pain.*
2. — Vous avez encore de la crème fraîche ?
   — ……
3. — Vous avez encore des olives vertes ?
   — ……
4. — Vous avez encore de la blanquette de veau ?
   — ……
5. — Vous avez encore du sucre candis ?
   — ……

3. Beantworten Sie auch diese Fragen mit *non*. ★★

1. — Est-ce que vous allez souvent à la piscine ?
   — *Non, je ne vais jamais à la piscine.*
2. — Tu as acheté quelque chose en ville ?
   — Non, ……………………
3. — Est-ce que vos amis sont encore là ?
   — Non, ……………………
4. — Est-ce que vos amis sont déjà partis ?
   — Non, ……………………
5. — Est-ce que tu fais beaucoup de sport ?
   — Non, ……………………
6. — Est-ce que quelqu'un a téléphoné en mon absence ?
   — Non, ……………………
7. — Est-ce que votre fille sort souvent le soir ?
   — Non, ……………………
8. — Est-ce que tu as déjà fini tes préparatifs pour le réveillon de Noël ?
   — Non, ……………………

4. Stimmen Sie zu. ★

1. — J'aime beaucoup les crêpes, et vous ? — *Moi aussi.*
2. — Je n'aime pas le whisky, et vous ? — *Moi non plus.*
3. — Il ne parle pas espagnol, et vous ? — ……………………
4. — Elle connait bien l'Irlande, et vous ? — ……………………
5. — J'ai eu une augmentation, et vous ? — ……………………
6. — Nous n'avons pas de voiture, et vous ? — ……………………
7. — J'ai maigri de deux kilos, et vous ? — ……………………

5. Und jetzt widersprechen Sie. ★

1. — J'aime beaucoup les crêpes, et vous ? — *Pas moi.*
2. — Je n'aime pas le whisky, et vous ? — *Moi si.*
3. — Il ne parle pas espagnol, et vous ? — ....
4. — Elle connait bien l'Irlande, et vous ? — ....
5. — J'ai eu une augmentation, et vous ? — ....
6. — Nous n'avons pas de voiture, et vous ? — ....
7. — J'ai maigri de deux kilos, et vous ? — ....

6. Ergänzen Sie den Dialog. ★

— La mer, c'est beau, tu ne trouves pas ?

— Non, la mer .... !

— Regarde, c'est une mouette*.

— Mais non, ... C'est une hirondelle !

— Ces vacances, ce sont nos plus belles vacances, tu ne trouves pas ?

— Non, ces vacances, ...

— Et là tu vois, c'est un bébé crabe.

— Mais non, ...

— Avec toi, les vacances, c'est vraiment agréable !

— Et bien avec toi, ...

* **la mouette** die Möwe

7. Setzen Sie die Sätze in die negative Form. ★★★

1. Je lui ai dit. ....
2. Tu aurais dû le faire. ....
3. Il me l'a donné. ....
4. Nous le trouverons. ....
5. J'y suis allé en bateau. ....
6. Nous en avons mangé. ....
7. Ils en prennent tous les jours. ....
8. Je voudrais les voir. ....

8. Verneinen Sie die folgenden Infinitivsätze und Aufforderungen. ★★★

1. Marchez sur le tapis rouge.
   ....
2. Prendre un comprimé tous les jours.
   ....
3. Tourne à droite.
   ....
4. Fermer les fenêtres.
   ....
5. Viens avant 8h.
   ....
6. Asseyez-vous sur le divan.
   ....
7. Éteindre les lumières avant de partir.
   ....
8. Dépêchez-vous.
   ....
9. Prière de se garer au sous-sol.
   ....

25 Das Adverb

1. Leiten Sie von den folgenden Adjektiven die entsprechenden Adverbien ab. ★★

agréable	*agréablement*	brillant	....
chaud	....	doux	....
évident	....	faible	....
gentil	....	haut	....
insensible	....	joli	....
lent	....	méchant	....
naïf	....	ordinaire	....
paisible	....	quotidien	....
rare	....	sage	....
tardif	....	utile	....
véritable	....	vrai	....

2. Ersetzen Sie die unterstrichenen Wörter durch ein Adverb der Art und Weise. ★★

1. Il travaille avec soin. *soigneusement*
2. Tu expliques avec calme. ....
3. Elle conduit avec prudence. ....
4. Elle me le demande avec gentillesse. ....
5. Il ferme la porte avec violence. ....
6. Ils entrent en silence. ....
7. Il la regarde avec amour. ....
8. Elles écoutent avec attention. ....
9. Elle a sauté avec courage. ....
10. Il a repoussé le chien avec brutalité. ....

3. Setzen Sie die in Klammern angegebenen Adverbien an der richtigen Stelle ein. ★

1. J'ai travaillé. (beaucoup) *J'ai beaucoup travaillé.*
2. Ce repas était bon. (bien) ……
3. Il a été surpris. (très) ……
4. Je suis arrivé. (hier) ……
5. Nous allons au cinéma. (souvent) ……
6. Ça lui a fait peur. (tellement) ……
7. Tu as fini ? (déjà) ……
8. Je suis arrivé en retard mais le train n'était pas parti. (heureusement, encore) ……

4. Vergleichen Sie die drei Wagentypen und verwenden Sie dabei die folgenden Verben: ★★★

consommer tenir la route rouler couter

	RX	*T500*	*210*
Consommation	8 l/100 km	12 l/100 km	10 l/100 km
Prix	15 000 €	30 000 €	15 000 €
Tenue de route	bonne	très bonne	bonne
Vitesse	160 km/h	220 km/h	180 km/h

La 210 consomme moins que la T500 mais plus que la RX.

……

……

……

……

……

5. Ergänzen Sie die Sätze mit *bon, bien, meilleur* oder *mieux*. ★★

1. J'ai vu un .... film de Nicole Garcia. Je trouve même que c'est son .... film.
2. Il vaut .... que vous vous fassiez vacciner contre la grippe.
3. — Nous aimons .... notre vieux maire.
   — Ah oui ! Moi, j'aimerais .... qu'il se retire aux prochaines élections.
4. Hum, tes crêpes sont très .... , ma chèrie. Elles sont presque .... que celles de ma mère.

6. Ergänzen Sie die Dialoge mit *bien, bon, mal, mauvais* oder *pire*. ★★★

1. — Vous avez .... dormi ?
   — Non, très .... , j'ai fait un .... rêve.
2. — Vincent a eu un accident, il a .... au cou et sa voiture est dans un très .... état et en plus, c'est de sa faute.
   — J'espère qu'il a un .... avocat et qu'il est .... assuré parce ça peut lui coûter cher.
3. — Nous sommes allés voir le spectacle de Dieudonné, on a .... ri.
   — Je l'ai vu avec Mathilde ; Dieudonné, il est vraiment ....
4. — Salut Gilles, tu vas .... ?
   — Non, pas .... du tout ! Ce matin, tout a .... commencé. Ma voiture est tombée en panne, j'ai dû prendre le bus, il pleuvait des cordes*, je suis arrivé en retard au bureau et complètement trempé mais le .... , c'est que ma femme vient de me quitter.

* **pleuvoir des cordes** Bindfäden regnen

26 Die Präpositionen

1. *À, en, au* oder *aux*? Ergänzen Sie den folgenden Satz mit den angebenen Ortsangaben und der richtigen Präposition. ★★

Je vais ....

....

....

....

Italie	**à**	Antilles
Maroc	**en**	Bourgogne
États-Unis	**au**	Marseille
Toulouse	**aux**	Canada
Bretagne		

2. Ergänzen Sie den folgenden Text mit den angegebenen Präpositionen des Ortes. ★★

sur (2x) sous aux chez dans (2x) parmi au

.... ① elle !

Elle aime se promener .... ② son jardin. Elle s'installe souvent .... ③ les fleurs pour lire un bon roman.

Sa maison est petite mais agréable. Elle passe beaucoup de temps .... ④ sa cuisine. Il y a toujours un gros bouquet de fleurs .... ⑤ la table. Elle a une jolie chambre, ... ⑥ sa table de nuit, il y a des photos et un réveil. Il y a beaucoup de cadres .... ⑦ murs et une lampe très ancienne .... ⑧ plafond.

Elle a aussi une cave bien remplie et il y a une étagère .... ⑨ l'escalier pour les bonnes bouteilles !

3. *À* oder *de*? Vervollständigen Sie die folgenden Sätze. ★

1. Caroline se prépare .... partir.
2. J'ai beaucoup de mal .... me réveiller le matin.
3. Nous sommes enchantés .... faire votre connaissance.
4. Tu n'as pas de chance .... jeux.
5. J'ai envie .... faire un grand voyage.
6. Il est difficile .... répondre .... cette question.
7. Vous avez encore besoin .... nous ?
8. Arrêtez .... jouer .... ballon dans la maison !

4. Ergänzen Sie die fehlenden Präpositionen der Zeit. ★★

1. Le matin, je me lève .... 7h, je commence mon travail .... 8h30.
2. .... ma journée de travail, je fais des courses.
3. Le soir, je regarde la télévison .... 8h .... 10h.
4. Le samedi, je vais souvent au théâtre, j'ai un abonnement .... longtemps.
5. Je suis très content, plus que deux semaines de travail ; je pars au Maroc .... 15 jours.

5. „Reisefertig?" – Ergänzen Sie *à* oder *de*. ★★

Je n'ai rien oublié ?
J'ai ma brosse .... ① dents, ma crème .... ② raser, mon eau .... ③ toilette. Ma trousse .... ④ toilette est complète. J'emporte mes chaussures noires .... ⑤ lacets et mes mocassins marron. J'ai bien mon stylo .... ⑥ plume, ma carte .... ⑦ assurance maladie, mes cartes .... ⑧ crédit, ma carte .... ⑨ identité et mon billet .... ⑩ avion. Tout est prêt, ah non, j'oubliais mon carnet .... ⑪ adresses.

6. Wie geht der Satz weiter? Suchen Sie jeweils alle infrage kommenden Möglichkeiten. ★

1. La société Desmoulins se trouve en face de la ....
2. Je travaille près du ....
3. On se retrouve devant l'..........

cinéma Lux
poste
Arc de Triomphe
banque
école
parc
gare
hôtel Majestic
ascenseur
Théâtre Marigny

1. ....
2. ....
3. ....

7. Vervollständigen Sie die Sätze mit den folgenden präpositionalen Ausdrücken.

en face de   loin de   au bout de   au-dessus de   à gauche   à côté de
en-dessous de   près de

1. Quel bruit ! Un avion passe .... nos têtes toutes les dix minutes.
2. La librairie est .... la poissonnerie.
3. Nous habitons au 1er étage. .... chez nous, il y a un petit restaurant.
4. Allô Sophie, regarde par la fenêtre, je suis dans la cabine téléphonique, juste .... chez toi.
5. La mer, c'est .... ici, à 150 km, mais vous avez une piscine .... stade, à dix minutes à pied.
6. Continuez jusqu'.......... la rue et tournez ....

27 Die Konjunktionen

1. Vervollständigen Sie die Sätze mit einer nebenordnenden Konjunktion (*et, mais, ou, car* usw.). ★★

1. J'adore le sucré : les gâteaux, les crèmes, les bonbons ……et…… les glaces.
2. Il ne peut pas venir ………… il s'est enrhumé.
3. Tu préfères passer des vacances à la montagne ………… à la mer ?
4. « Je pense ………… je suis. » (Descartes)
5. Nous voulions arriver plus tôt ………… il y avait beaucoup de circulation sur les routes.
6. Le propriétaire n'accepte pas les animaux ………… les enfants.

2. Was drücken die nebenordnenden Konjunktionen in den folgenden Sätzen aus? Wählen Sie aus den angegebenen Möglichkeiten die jeweils passende aus. ★

choix   cause   négation   opposition   énumération   conséquence

1. C'est un bon restaurant mais il est très cher. …………
2. Vous prenez du thé ou du café ? …………
3. Pour Noël, j'ai acheté du foie gras et des huitres. …………
4. J'étais en retard donc j'ai pris un taxi. …………
5. Je ne l'ai ni vu ni entendu. …………
6. J'ai pris un taxi car j'étais en retard. …………

3. Ordnen Sie jedem Satzanfang das richtige Satzende zu. ★★

1. J'ai raté le train
2. Nous partons en train
3. Les trains auront du retard
4. Le trajet dure moins longtemps
5. Il y avait tellement de monde
6. En train, je me repose
7. Depuis que j'ai vendu ma voiture
8. Il est arrivé

a) que j'ai fait tout le trajet debout.
b) alors qu'en voiture, je m'énerve tout le temps.
c) à cause de toi !
d) bien que ce soit plus cher.
e) je suis un homme heureux.
f) au moment où le train partait.
g) en raison de la grève des cheminots.
h) depuis qu'il y a le TGV.

4. Vervollständigen Sie die Sätze mit den folgenden unterordnenden Konjunktionen. ★★

comme de sorte que pour que de sorte que afin que bien que parce que quand parce que

1. J'ai démissionné .... j'en avais assez de faire des heures supplémentaires non payées.
2. La direction ne nous a pas augmentés .... le chiffre d'affaires soit excellent.
3. Mon chef m'a offert un portable .... il puisse toujours me joindre.
4. Ma collègue a été licenciée .... j'ai deux fois plus de travail.
5. .... j'ai allumé mon ordinateur, tous les programmes avaient disparu.
6. Il y a eu une panne de courant .... nous n'avons pas pu travailler.
7. Nous avons fait la fête .... nous avons obtenu un nouveau contrat.
8. .... le personnel n'est pas bien formé, les machines sont toujours en panne.

5. Vervollständigen Sie die folgenden Sätze mit der richtigen Form der in Klammern angegebenen Verben. ★★

1. Je vais souvent au restaurant parce que je .... (ne pas avoir) le temps de faire la cuisine.
2. Nous prenons toujours un baby-sitter pour que les enfants .... (ne pas être) seuls quand nous sortons.
3. Bien qu'il .... (faire) froid, les bureaux sont peu chauffés.
4. Il s'est tellement entrainé qu'il .... (courir) le marathon en moins de 4 heures.
5. Tu es toujours de mauvaise humeur depuis que tu .... (ne plus fumer).
6. Est-ce que vous pouvez me remplacer pendant que je .... (faire) ma pause ?

6. Wählen Sie die richtige Konjunktion aus. ★★

1. Nous allons au concert .... notre fille nous a offert des places.
   ☐ parce que ☐ quand ☐ à cause de
2. .... notre fille nous a offert les places, nous allons au concert.
   ☐ parce que ☐ comme ☐ en raison de
3. .... j'aie des problèmes avec mon genou, je continue le sport.
   ☐ bien que ☐ quand ☐ comme
4. .... c'est ainsi, j'arrête le sport.
   ☐ parce que ☐ puisque ☐ depuis que
5. .... c'est lui qui a trouvé le trésor, il peut le garder.
   ☐ parce que ☐ comme ☐ lorsque
6. J'arrête de discuter .... tu ne m'écoutes pas.
   ☐ pendant que ☐ pour que ☐ puisque
7. C'est bien plus rapide .... nous avons la nouvelle photocopieuse.
   ☐ depuis que ☐ quand ☐ lorsque

Lösungen

1 Das Substantiv

1.
1. une actrice; 2. une coiffeuse; 3. une bouchère; 4. une Suisse (*oder:* Suissesse); 5. une skieuse; 6. une Canadienne; 7. une géante; 8. une mécanicienne; 9. une cousine

2.
1. une chatte; 2. une poule; 3. une jument; 4. une lapine; 5. une louve; 6. une lionne; 7. une chienne; 8. une ogresse; 9. une sorcière; 10. une vache

3.
1. la valise (alle andere Substantive sind männlich)
2. le sable (alle andere Substantive sind weiblich)
3. la montagne (alle andere Substantive sind männlich)
4. le repos (alle andere Substantive sind weiblich)
5. la réunion (alle andere Substantive sind männlich)

4.
un musée; un livre; un bâtiment; un fauteuil; un journal; un collage
une pause; une addition; une peur; une qualité; une sonnette; une journée

5.
2. des fleurs; 3. des appartements; 4. des travaux; 5. des châteaux; 6. des bijoux; 7. des sous; 8. des métaux; 9. des prix; 10. des vœux

6.
1. Dans les sacs, il y a : des porte-monnaie, des porte-clés, des mouchoirs, des stylos à bille et des crayons.
2. Dans les jardins, il y a : des tables de jardin, des chaises longues et des parasols.
3. Sur les tables, il y a : des bouteilles de vin, des tire-bouchons, des verres et des corbeilles à pain.

7.
— Regardez ce que j'apporte : un paquet de gâteaux, une salade de fruits, une bouteille de Bourgogne et une bouteille d'eau minérale !
— Et moi, une côtelette, une saucisse et une baguette.
— Moi, j'ai une cuisse de poulet et une quiche. Mais voilà Stéphane avec une salade verte, une sauce bien épicée et un pack de bière.
— Moi, j'ai pensé au plus important : un paquet de charbon de bois et une boîte d'allumettes.

2 Der Artikel

1.
un jardin; une maison, des enfants; une direction; une baguette; des saucisses; un appartement; des cartes postales; une lettre; des livres, un dictionnaire

2.
les villes; la mer; la montagne; le bruit; la lecture; les voyages; les jeux vidéos; les romans d'amour;
la vie; la boxe; les mathématiques; les bandes dessinées; les romans policiers;
le cinéma; la solitude; l'opéra; la musique; le sport; le jazz; les films de science-fiction

3.
Lösungsvorschlag (beachten Sie den Gebrauch des bestimmten Artikels!):
1. J'adore les voyages, la mer et la musique.
2. J'aime bien le cinéma, mais je préfère l'opéra.
3. Je déteste la boxe. 4. Les voyages forment le caractère.
5. Le bruit rend malade. 6. La musique calme les esprits.

4.
1. au, à la; 2. au; 3. à la, à la; 4. du, du, des; 5. de l', de la; 6. Le, au, aux

5.
1. les; 2. la, la, le, –; 3. le; 4. au; 5. la, la, au; 6. le, les

6.
de l'eau minérale; 2 bouteilles de vin; 1 paquet de chips; un peu de saucisson; une quiche aux poireaux; du pain; une demi-livre de beurre; un gâteau au chocolat; 300 g d'emmental; un bon camembert

7.
1. Le matin, je bois du thé avec du lait et du sucre.
2. Il a de la chance, il va au Canada.
3. Cette petite ville n'a plus de cinéma(s).
4. L'été, je fais du vélo (*oder:* de la bicyclette), l'hiver je fais du ski et (je fais) de la gymnastique.
5. La nouvelle campagne publicitaire n'a pas de succès.
6. Je n'aime pas les chiens, je préfère les chats !

8.
1. du, des; 2. de, de la; 3. de, des; 4. de, du, du; 5. du, des, de la; 6. de, du; 7. de l'; 8. du

9.
1. à l'art; 2. au; 3. à la; 4. les; 5. la; 6. à la; 7. aux; 8. des; 9. le; 10. à la; 11. La; 12. au; 13. l'; 14. les

10.
1. au tennis, des amis, le journal, un bon film, à la télé, au cinéma; 2. La politique, du sport, de la natation, au concert, d'ouvrages historiques; 3. Le théâtre, aux premières, du bricolage, de mes plantes; 4. Une très ..., de sport, de bons copains, une équipe; 5. Des enfants, des amis; 6. Un associé, une entreprise, une famille que j'aime; 7. des Sports, de la Jeunesse; 8. de l'Intérieur, de la Justice; 9. des Finances, de l'Économie; 10. l'esprit d'équipe, d'énergie; 11. de l'audace, de l'humour; 12. de l'imagination, de la patience, du courage; 13. de patience; 14. les bonnes choses; 15. d'heures

3 Die Personalpronomen

1.
2. J', je; 3. Ils; 4. vous; 5. vous, nous, Vous, on; 6. Tu; 7. j', il, Ils; 8. Il; 9. elle; 10. elles

2.
1. nous; 2. elle, lui; 3. moi; 4. soi; 5. vous; 6. eux; 7. toi; 8. elles

3.
1-d; 2-g; 3-f; 4-h; 5-c; 6-e; 7-i; 8-a; 9-b; 10-j

4.
me; me; nous; te; les; toi; t'

5.
1. Lève-toi; 2. Lave-toi ; 3. entraînez-vous; 4. Promenons-nous; 5. Asseyez-vous; 6. amuse-toi;
7. Servez-vous; 8. Dépêche-toi; 9. Taisez-vous

6.
1. vous disputez; 2. te dope; 3. nous baignons; 4. t'enrhume; 5. vous occupez; 6. vous éloignez;
7. s'asseoir; 8. vous/te dépêcher

7.
1. me, me; 2. m', m'; 3. me (*oder:* nous); 4. t' (*oder:* vous); 5. nous, se; 6. vous; 7. t' (*oder:* vous)

8.
1. le; 2. les; 3. le; 4. la; 5. les

9.
1. ne l'ai pas. 2. ne les invite pas. 3. ne le prennent pas. 4. ne peux pas l'emmener. 5. ne la connais pas.

10.
1. Est-ce que tu peux m'aider ? (*Oder:* Pourrais-tu m'aider ?) 2. Je ne peux pas vous aider. 3. Pourriez-vous lui dire que je veux lui parler ? 4. Ne leur écrivez pas ! Nous les appellerons ce soir. (*Oder:* Nous leur téléphonerons ce soir.) 5. J'ai pensé chaque jour à toi. 6. Dépêchez-vous ! 7. Nous ne pouvons pas vous attendre. 8. Le journaliste s'est adressé à elle (*oder:* eux). 9. Je vais lui demander (*oder:* Je lui demanderai) si elle veut venir avec nous. 10. Ne le fais pas ! (*Oder*: Ne fais pas ça !)

11.
1. Oui, nous l'avons écouté à la radio. 2. Non, je ne l'ai pas encore appelé. 3. Oui, je l'ai rencontrée, mais elle riait. 4. Mais si, Monsieur, nous les avons communiqués à votre secrétaire.

12.
1. lui; 2. leur; 3. lui; 4. leur; 5. lui; 6. leur

13.
1. la voiture; 2. aux enfants; 3. son fiancé; 4. à leur fille; 5. les chiens; 6. aux hommes politiques;
7. ses enfants; 8. à ma copine

14.
1. ils la regardent. 2. je la lui ai donnée. 3. je ne les aide pas. 4. je ne les ai pas écoutées.
5. j'ai le temps de le leur expliquer. 6. ce n'est pas moi qui la répare.

15.
2. Oui, je l'ai. 3. Donne-les moi. 4. Non, je ne les ai pas oubliées. 5. Oui, c'est lui. 6. Bien sûr que je dors chez eux. 7. Oui, je leur apporte des livres. 8. D'accord, je lui téléphone.

4 Die Pronominaladverbien *y* und *en*

1.
1. à l'école; 2. des chiens; 3. de la plage; 4. au froid; 5. de faire des heures supplémentaires;
6. chez Renault; 7. sur le quai n° 7; 8. des pêches; 9. en Auvergne; 10. à rapporter du pain;
11. de la crème solaire; 12. du fromage

2.
Vous les avez tous pris ? Ils ne m'en reste plus beaucoup. ... continuer à en prendre.
Alors, je vais vous en prescrire une autre boîte, mais n'en prenez plus ... .

3.
2. Non, je ne lui ai pas encore écrit. 3. Oui, regardez, il y est encore.
4. Bien sûr. Nous y allons tous les ans faire du ski.
Cette année, vous allez y retourner ? Non, cette année, nous n'y irons pas.

4.
1. Oui, j'y suis déjà allé. Non, je n'y suis pas encore allé.
2. Oui, je vais en acheter une. Non, je ne vais pas en acheter.
3. Oui, j'y irai. (*Oder:* nous y irons) Non, je n'y irai pas. (*Oder:* nous n'y irons pas)
4. Oui, j'en ai l'intention. Non, je n'en ai pas l'intention.
5. Oui, j'ai encore besoin de vous. Non, je n'ai plus besoin de vous.

5.
Non, nous n'y passerons pas à l'aller.
Oui, mais nous pourrons nous y arrêter quelques heures seulement.
Dans ce cas, nous nous y arrêterons avec plaisir.

6.
prends-en; j'en raffole; pourquoi en as-tu pris; je t'en redonne; Je n'en peux plus !; tu y goûtes; je n'en veux pas; en boire un petit verre

5 Die Demonstrativpronomen

1.
ces chaussures; ces lunettes; cet hôtel; ces vêtements; cette photo; cette école; ce manteau

2.
1. cette; 2. Ce; 3. ces; 4. cet; 5. Ce; 6. cet

3.
1. été; 2. musique; 3. restaurant; 4. chaussures; 5. route; 6. dossiers; 7. endroit; 8. truc

4.
2. Celles-ci/là; 3. Celles-ci/là; 4. Celle-ci/là; 5. Ceux-ci/là

5.
2. celle que; 3. celle qui; 4. celui qui; 5. celui qui; 6. ceux que

6 Die Possessivpronomen

1.
2. son; 3. votre; 4. mes; 5. ses; 6. ses; 7. son; 8. leur; 9. nos; 10. tes

2.
1. sa; 2. mes; 3. votre; 4. notre; 5. leur; 6. vos; 7. mon, ma; 8. ton, ta; 9. leurs; 10. ton

3.
ma carte d'identité et mon permis de conduire; Votre permis de conduire; mes réflexes; Vos réflexes, vos yeux

4.
1. le mien; 2. le sien; 3. les miennes (*oder:* les nôtres); 4. le sien; 5. la mienne; 6. le leur; 7. les miens (*oder:* les nôtres); 8. les leurs

5.
2. le tien; 3. Le mien; 4. son; 5. sa; 6. ses; 7. leurs; 8. mon; 9. la mienne; 10. ses

6.
1. au mien; 2. du mien; 3. aux siennes; 4. des tiens; 5. À la vôtre

7 Die Indefinitpronomen

1.
1. toute; 2. tout; 3. toute; 4. tous; 5. toutes; 6. toutes; 7. tout; 8. tout; 9. tout; 10. tous

2.
1. Tous; 2. toutes; 3. tout; 4. tous; 5. toutes; 6. tout; 7. tous; 8. tous; 9. toutes; 10. tout; 11. toute

3.
1. tout; 2. tout; 3. toute; 4. tout(es); 5. tout(e)

4.
1. tout; 2. toute; 3. tout; 4. tout; 5. toutes

5.
1. tout; 2. tous; 3. tous; 4. toutes; 5. tout

6.
1. autre; 2. autre; 3. autres; 4. Certaines, autres; 5. Certains; 6. certaine; 7. certain; 8. plusieurs

7.
1. chaque; 2. chacun; 3. chacune; 4. chaque, chaque; 5. chaque, chacune; 6. Chacun;
7. chaque, chacun

8.
1. quelques; 2. Nul; 3. certaines; 4. plusieurs; 5. aucun; 6. même, même; 7. rien; 8. on, ONU

9.
2. personne; 3. rien; 4. à rien; 5. rien; 6. à personne; 7. nulle part; 8. aucun; 9. aucun; 10. aucune

8 Die Fragewörter und die Fragesätze

1.
2. Quand est-ce que vous partez ? 3. Où est-ce qu'ils habitent ? 4. Quand est-ce que vous êtes arrivés ? 5. Combien est-ce que tu en veux ? 6. Pourquoi est-ce qu'il n'est pas venu ? 7. Ta tarte, comment est-ce que tu la fais ? 8. Où est-ce que vous partez en vacances ? 9. Est-ce qu'il est fâché ? 10. Qu'est-ce qu'on mange ?

2.
2. Quand partez-vous ? 3. Où habitent-ils ? 4. Quand êtes-vous arrivés ? 5. Combien en veux-tu ?
6. Pourquoi n'est-il pas venu ? 7. Ta tarte, comment la fais-tu ? 8. Où partez-vous en vacances ?
9. Est-il fâché ? 10. Que mange-t-on ?

3.

1. Quand partez-vous ? Quand est-ce que vous partez ?
2. Où avez-vous mal ? Où est-ce que vous avez mal ?
3. Pourquoi ne viendra-t-il pas ? Pourquoi est-ce qu'il ne viendra pas ?
4. Madame Vernier est-elle là ? Est-ce que Madame Vernier est là ?
5. Comment êtes-vous (*oder:* Comment es-tu) allé à Moscou ?
Comment est-ce que vous êtes (*oder:* Comment est-ce que tu es) allé à Moscou ?
6. Combien d'enfants avez-vous ? Combien d'enfants est-ce que vous avez ?
7. Est-ce que je peux regarder la télévision ?
8. Qui t'a prêté la perceuse ? Qui est-ce qui t'a prêté la perceuse ?

4.

Lösungsvorschlag:
Combien de pièces a la maison ? Quelle est la superficie de la maison ?
Pour combien de personnes est-elle prévue ?
Est-ce qu'il y a une salle de bains, l'eau courante ?
Y a-t-il un jardin ? Avez-vous une piscine dans le jardin ?
Est-ce que la cuisine est équipée ? Dans quelle région se trouve la maison ?
À combien de kilomètres se trouve l'agglomération la plus proche ?
Comment s'appelle-t-elle ? Quel est le prix du loyer ?
Quand est-ce que la maison est libre ?
À quelle période la maison est-elle libre ?
Où se trouve le musée le plus proche ? De quel musée s'agit-il ?
Combien coûte l'adhésion au club d'équitation ?
À quelles dates a lieu le festival de théâtre ?

5.

2. Ça coûte combien ? (*Oder:* Combien ça coûte ? Ça fait combien ? Combien ça fait ?)
3. Tu gagnes combien (par mois) ?
4. Est-ce que le guichet est ouvert ? (*Oder:* Le guichet est-il ouvert ?)
5. À quelle association avez-vous fait un don ? (*Oder:* Vous avez fait un don à quelle association ?)
6. Qu'est-ce que vous voulez faire à l'étranger ? (*Oder:* Que pensez-vous faire à l'étranger ?)
7. À qui pense-t-elle ?
8. À quoi faudra-t-il s'attendre dans les prochains jours ?
9. Dans ton entreprise, sur qui peux-tu (*oder:* pouvez-vous) compter ?
10. Avec quoi as-tu réussi à forcer la porte du trésor ?
11. Pour quand vous faudra-t-il 5000 euros ?/Pour quand vous les faudra-t-il ?
12. Contre quel amendement allez-vous voter ?

6.

1. Quelle; 2. Lesquelles; 3. Quels; 4. lequel; 5. quelles; 6. laquelle; 7. Quel; 8. lesquels

7.

2. N'avez-vous pas entendu que je vous appelais ?
3. Ne vous ont-ils pas annoncé leur mariage ?
4. Ne t'avais-je pas prévenu ?
5. N'avez-vous pas reçu ma/notre réservation ?

9 Die Relativpronomen und die Relativsätze

1.
1. Je vous présente Monsieur Leroux qui s'occupera des clients … .
2. Elle a acheté la robe que je voulais. 3. Cet hôtel a des lits qui sont trop durs.
4. Je vous redonne vos statistiques qui m'ont été bien utiles.
5. On va boire la bouteille que tu as gagnée à la fête du port.
6. Avez-vous réussi les examens que vous prépariez ?

2.
1. que; 2. que; 3. qui; 4. que; 5. qui; 6. qui

3.
1. Je te rapporte le livre que tu m'avais prêté la semaine dernière.
2. Orange est une jolie ville du sud de la France qui a beaucoup de … .
3. Avez-vous lu le courrier que j'ai mis sur votre bureau ?
4. Comment s'appelle ce chanteur que Valérie aime beaucoup ?
5. Nous avons un nouveau collègue qui est toujours en train de téléphoner … .

4.
1. que; 2. qui; 3. dont; 4. que; 5. que; 6. dont; 7. que; 8. qui

5.
1. où; 2. qui; 3. qui; 4. dont; 5. où; 6. qui; 7. qui; 8. dont; 9. qui; 10. où; 11. que
Haben Sie die Stadt Frankfurt am Main erkannt? Versuchen Sie nun Ihre Stadt auf diese Weise zu beschreiben.

6.
1. laquelle, dont; 2. auxquelles, qui; 3. laquelle; 4. auquel, 5. dont, lesquels/qui; 6. auxquels

7.
1. La rivière au bord de laquelle nous campions a débordé dans la nuit.
2. Les élèves en difficulté pour lesquels un nouveau cours a été créé pourront combler leurs lacunes.
3. Le décor contre lequel le comédien était appuyé s'est renversé tout à coup devant les spectateurs ahuris.
4. Elle portait un pantalon « patte d'éléphant » noir au bas duquel des fleurs de couleurs scintillantes étaient brodées.

10 Das Adjektiv

1.
Il est beau, sympathique, belge, gros, veuf, élégant, habile, gentil.
Elle est sympathique, mariée, belge, jolie, grande, intelligente, habile, sportive.

2.
1. charmante; 2. neuve; 3. nouveau; 4. agréable; 5. italienne; 6. molle; 7. idiot; 8. gentil; 9. pressée; 10. portugaise; 11. fou; 12. courageux

3.
1. Les livres sont intéressants. 2. Les pistes sont dangereuses. 3. Les cadeaux sont beaux.
4. Ils sont matinaux. 5. Ces pulls sont très doux. 6. Ce sont de vieux amis à moi.

4.
1. rouges; 2. orange; 3. jaunes; 4. noires ou vertes; 5. marron; 6. blanche

5.
1. vieil; 2. ridé; 3. bel; 4. vrai; 5. nouvelle; 6. beaux; 7. belles; 8. jolie; 9. longue; 10. rousse; 11. vert émeraude; 12. célèbre; 13. lointains; 14. grands

6.
2. j'habite dans une ville agréable; 3. vous avez un bon travail; 4. c'est une mauvaise blague; 5. voilà une proposition intéressante; 6. c'est une belle journée ensoleillée; 7. il a de petits yeux bleus; 8. il a fait un long voyage

7.
2. L'appartement A est aussi grand que le C.
3. L'appartement A a moins de pièces que le C.
4. L'appartement A est plus cher que le C mais moins cher que le B.
5. L'appartement B est le plus grand et le plus cher.
6. L'appartement B a autant de pièces que le A.
7. L'appartement C est le moins cher.
8. L'appartement C a le plus de pièces.
9. L'appartement C est aussi grand que le A.
10. L'appartement C est plus petit que le B.

8.
2. La France a moins d'habitants que l'Allemagne.
3. La France a plus de régions que l'Allemagne.
4. L'Allemagne est plus petite que la France.
5. L'Allemagne a plus d'habitants que la France.
6. L'Allemagne a moins de régions que la France.

9.
2. énervant; 3. fatigant; 4. amusant; 5. reposant; 6. passionnant; 7. chanceux/chanceuse; 8. affamé(e); 9. assoiffé(e); 10. frileux/frileuse

11 Die Zahlen

1.
2. Berlin, mardi 8. (huit) août 2001; 3. Pointe à Pitre, mercredi 1er (premier) janvier 1999; 4. Montréal, jeudi 15 juillet 2002; 5. Marseille, samedi 2 février 2019; 6. Francfort, dimanche 1er (premier) juin 1974

2.
2. Napoléon premier; 3. Jean vingt-trois; 4. Charles sept; 5. Louis quinze; 6. Elisabeth première; 7. Henri quatre; 8. Catherine deux

3.
1. Zéro un, vingt-cinq, soixante-douze, quatre-vingt-quatre, vingt-quatre
2. Zéro quatre, quatre-vingt-dix-huit, quarante-huit, vingt-deux, douze
3. Zéro cinq, cinquante-sept, soixante-cinq, cinquante-six, soixante-dix
4. Zéro trois, trente-huit, quatorze, quarante et un, quatre-vingt-un
5. Zéro deux, soixante-dix-sept, soixante-sept, zéro sept, dix-sept
6. Zéro un, quarante-quatre, quatre-vingt-huit, quatre-vingt-deux, vingt-huit

4.
2. Alain Dufour habite au rez-de-chaussée, à droite.
3. Les Kehmal habitent au deuxième étage, à gauche.
4. Les Lopez habitent au premier étage, à droite.
5. Vincent Roux habite au quatrième étage, à gauche.
6. Mme Leclerc habite au premier étage, à gauche.
7. Mlle Charlotte habite au quatrième étage, à droite.
8. Les Martini habitent au deuxième étage, à droite.
9. Paul Guérin habite au troisième étage, à droite.
10. Les Leblanc habitent au troisième étage, à gauche.

5.
2. Quatre-vingt-dix-neuf euros. 3. Huit cent quatre-vingts euros.
4. Mille deux cent cinquante euros. (*Oder:* Douze cent cinquante euros.)
5. Trois mille six cent quatre-vingt-dix-huit euros.
6. Cinq cent cinquante-cinq mille neuf cent quatre-vingt-dix euros.
7. Un million d'euros. 8. Quinze millions cinq cent mille euros.

6.
2. quatorze heures quinze (*oder:* deux heures et quart)
3. neuf heures cinquante-six (*oder:* dix heures moins quatre)
4. douze heures trente (*oder:* midi et demie)
5. minuit (*oder:* zéro heures)
6. dix-sept heures quarante-cinq (*oder:* six heures moins le quart)
7. six heures vingt
8. dix heures quarante (*oder:* onze heures moins vingt)

12 Das Präsens

1.
1. aimes; 2. parlez; 3. coûte; 4. travaillons; 5. fume; 6. écoutent; 7. s'arrête

2.

	voyager	manger	commencer	emmener
je	voyage	mange	commence	j'emmène
tu	voyages	manges	commences	emmènes
il, elle, on	voyage	mange	commence	emmène
nous	voyageons	mangeons	commençons	emmenons
vous	voyagez	mangez	commencez	emmenez
ils, elles	voyagent	mangent	commencent	emmènent

	envoyer	acheter	payer	essayer
je	j'envoie	j'achète	paie/paye	j'essaie/essaye
tu	envoies	achètes	paies/payes	essaies/essayes
il, elle, on	envoie	achète	paie/paye	essaie/essaye
nous	envoyons	achetons	payons	essayons
vous	envoyez	achetez	payez	essayez
ils, elles	envoient	achètent	paient/payent	essaient/essayent

3.

1. achète; 2. espère; 3. répète; 4. lève

4.

1. préférez, préfère, 2. appelez; appelle; 3. jetez, jette; 4. envoyez, envoie; 5. promenez, promène

5.

1. connaissez; 2. vendez; 3. suivez; 4. prenez; 5. dites, pensez; 6. faites

6.

1. finissons; 2. vieillissons; 3. dormons; 4. mourons; 5. partons; 6. venons

7.

je suis; tu es; il est; nous sommes; vous êtes; ils sont

8.

9.

1. choisissent; 2. réfléchissent; 3. offrent; 4. partent; 5. vont; 6. lisent; 7. perdent; 8. boivent; 9. voient; 10. veulent; 11. avancent; 12. tiennent

10.

1. devons; 2. peux; 3. sais; 4. recevez; 5. peuvent; 6. veut

11.

1. vous appelez, m'appelle; 2. Asseyez, vient; 3. ouvrent; 4. mangeons; 5. prenez; 6. remplissez, signez; 7. avez; 8. savez, sais; 9. dérangez, réponds; 10. achètes, dois; 11. connaissent; 12. voulez, repeignons; 13. faites, fais; 14. dites, font

13 Das Imparfait

1.

1. j'allais; 2. tu pouvais; 3. il se levait; 4. elle voulait; 5. on commençait; 6. nous choisissions; 7. vous lanciez; 8. ils mangeaient; 9. elles se plaignaient; 10. je disais; 11. nous croyions; 12. on prenait

2.

	venir	être	avoir	faire
je	venais	j'étais	j'avais	faisais
tu	venais	étais	avais	faisais
il, elle, on	venait	était	avait	faisait
nous	venions	étions	avions	faisions
vous	veniez	étiez	aviez	faisiez
ils, elles	venaient	étaient	avaient	faisaient

3.

1. faisait; 2. avait; 3. pleuvait; 4. neigeait; 5. fallait

4.
1. fermaient, obligeait; 2. partions, éteignions; 3. voyait, s'enfuyait; 4. occupait, régnait; 5. faisiez, remplaçais, avait

5.
2. étaient; 3. savait; 4. lisait; 5. était; 6. empêchait; 7. avait; 8. possédait; 9. improvisait; 10. avait; 11. venait; 12. mettait; 13. chantaient; 14. dansaient; 15. buvaient; 16. riaient; 17. faisait; 18. étions; 19. avais; 20. devions; 21. travaillions; 22. revenions; 23. mettait; 24. pouvait; 25. s'éclipsait; 26. étions; 27. descendions; 28. oubliions; 29. étions; 30. revenait; 31. craignait; 32. prenait; 33. se protégeait; 34. pouvait; 35. fallait

14 Das Passé composé

1.
habité; travaillé; promené; fini; choisi; réussi; grandi; parti; pris; mis; écrit; venu; lu; descendu; bu; dû; su; fait; ouvert; été; eu

2.
J'ai travaillé, fini, choisi, réussi, grandi, pris, mis, écrit, lu, bu, dû, su, fait, ouvert, été, eu.
Je me suis promené(e), je suis parti(e), venu(e), descendu(e).

3.
2. avons fait; 3. sont arrivées, ont raté; 4. as lu; 5. avons bu, avons mangé; 6. est allée, a eu, est rentrée; 7. j'ai réussi, j'ai dû; 8. avez appris

4.
2. Non, je n'ai pas retrouvé ma valise. Non, je ne l'ai pas retrouvée.
3. Non, nous ne nous sommes pas bien reposés.
4. Non, Citel n'a pas payé notre facture. Non, Citel ne l'a pas payée.
5. Non, tous les billets n'ont pas été vendus. (*Oder:* ... ils n'ont pas été tous vendus.)
6. Non, je ne me suis pas bien amusée.

5.
1. s'est levée; 2. a pris; 3. s'est habillée; 4. a mis; 5. a préparé; 6. a réveillé; 7. a bu; 8. s'est maquillée; 9. s'est coiffée; 10. est descendue; 11. a emmené; 12. est arrivée; 13. a travaillé; 14. a mangé; 15. est retournée; 16. a terminé; 17. est rentrée; 18. a payé; 19. a fait; 20. a lu; 21. a rangé; 22. a allumé; 23. s'est endormie

6.
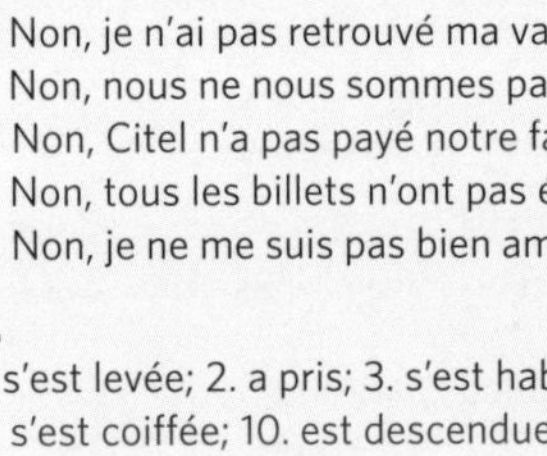

7.
1. achetés, mangés, acheté; 2. vu, vues, mises; 3. reçu, arrivée; 4. écrit, mises, rangés; 5. achetées, vendue, jetée

15 Das Imparfait und das Passé composé

1.

1. jouait, s'est renversé; 2. lisait, a fait; 3. était, a donné; 4. volait, s'est précipité, a obligé; 5. est arrivé, a vu, s'éloignait; 6. j'étais, est entrée; 7. faisions, a vendu, a loué; 8. escaladaient, a éclaté, se sont réfugiés, ont attendu; 9. a mis, faisait; 10. s'est décidé, bloquaient; 11. passions, n'avons pas eu, avons acheté, avons sillonné, avons bu, n'avons pas fait; 12. voulait, n'espérait plus, a apporté

2.

1. pleuvait; 2. enveloppaient; 3. s'est réveillé; 4. inondait; 5. s'est levé; 6. a enfilé; 7. s'est installé; 8. savourait; 9. s'est mise; 10. s'est penché; 11. a vu, 12. se grattait; 13. soutenait

3.

2. j'étais, m'a appelé; 3. était, n'avais pas le temps; 4. a rencontré, ne s'aimaient plus; 5. n'ai pas entendu, je travaillais et je ne voulais pas; 6. avait, coûtait

situation: étaient en grève, étais malade, était en dérangement, n'avais pas le temps, ne s'aimaient plus, travaillais, ne voulais pas, avait, coûtait

évènement: avons égaré, m'a appelé, a rencontré, n'ai pas entendu

16 Das Plusquamperfekt

1.

2. tu avais fini; 3. il avait fait; 4. elle avait mis; 5. on avait perdu; 6. nous avions bu; 7. vous aviez reçu; 8. ils avaient ouvert; 9. elles avaient dû; 10. j' avais eu; 11. tu avais été

2.

1. j'étais allé; 2. tu t'étais ennuyé; 3. il était sorti; 4. elle s'était reposée; 5. on s'était souvenu; 6. nous étions descendus; 7. vous étiez venus; 8. ils s'étaient assis; 9. elles s'étaient assises

3.

voyager: j'avais voyagé; tu avais voyagé; il, elle, on avait voyagé; nous avions voyagé; vous aviez voyagé; ils, elles avaient voyagé

partir: j'étais parti(e); tu étais parti(e); il, elle, on était parti(e)(s); nous étions parti(e)s; vous étiez parti(e)s; ils, elles étaient parti(e)s

prendre: j'avais pris; tu avais pris; il, elle, on avait pris; nous avions pris; vous aviez pris; ils, elles avaient pris

avoir: j'avais eu; tu avais eu; il, elle, on avait eu; nous avions eu; vous aviez eu; ils, elles avaient eu

4.

erste Handlung	zweite Handlung
2. elle avait fait mariner	elle mettait à mijoter
3. elle s'était blessée	elle n'a pas pu participer
4. lui avait prêtée	il a eu un accident
5. avaient mangé	ont dû être hospitalisés

5.

1. n'étaient pas terminés; 2. avait empoché, avait pris; 3. avait organisé; 4. avaient effectué; 5. avait déjà commencé

6.

1. s'est produit; 2. circulait; 3. a perdu; 4. se trouvaient; 5. arrivait; 6. a pu; 7. s'est immobilisé; 8. ont réveillé; 9. s'était emdormi; 10. avait roulé

17 Das Futur I und II

1.
2. tu achèteras; 3. il appellera; 4. elle jettera; 5. on choisira; 6. nous partirons; 7. vous écrirez; 8. ils prendront; 9. elles devront; 10. nous paierons/payerons; 11. vous enverrez; 12. ils essuieront

2.

	aller	être	venir	avoir
je	j'irai	serai	viendrai	j'aurai
tu	iras	seras	viendras	auras
il, elle, on	ira	sera	viendra	aura
nous	irons	serons	viendrons	aurons
vous	irez	serez	viendrez	aurez
ils, elles	iront	seront	viendront	auront

3.
2. tu feras; 3. il voudra; 4. elle pourra; 5. on saura; 6. nous nous verrons; 7. vous recevrez; 8. ils croiront; 9. elles boiront; 10. il mourra; 11. cela vaudra; 12. ils tiendront

4.
1. ne fera pas beau; 2. y aura des nuages; 3. sera couvert; 4. y aura du vent; 5. pleuvra; 6. neigera; 7. gèlera; 8. faudra prendre

5.
1. je ferai de la gymnastique..., je prendrai une douche froide, je ne boirai plus ...
2. je lui ferai ..., je lui dirai ..., je lui écrirai ..., je l'encouragerai ..., je la soutiendrai ...
3. tu respecteras ..., tu garderas ton calme ..., tu te méfieras ..., tu t'arrêteras ..., tu ne suivras pas ...
4. vendrons ..., nous achèterons ..., nous pourrons partir quand nous voudrons, nous parcourrons ..., nous n'aurons plus besoin ..., nous aurons ... et nous serons ...

6.
1. vivrons; 2. viendrez; 3. aurai; 4. préviendrai; 5. saurai; 6. pourrai; 7. faudra; 8. j'irai

7.
2. tu te seras levé; 3. il sera entré; 4. vous serez parti(e)s; 5. elles seront venues

8.
2. tu auras fait ...; 3. on aura choisi; 4. nous aurons réfléchi; 5. ils auront reçu

9.
1. j'aurais envoyé; 2. tu auras reçu; 3. il aura fallu; 4. nous aurons terminé; 5. ils seront revenus

10.
1. auras fini; 2. auront fait; 3. seront repartis; 4. se sera excusé; 5. aurez prouvés

11.

erste Handlung	zweite Handlung
2. vous aurez reçu	prévenez-moi ...
3. tu auras fini	je viendrai te voir ...
4. le livreur aura déchargé	il dégagera ...
5. les adolescents n'auront pas montré	(les adolescents) ne pourront pas voir ...

12.
2. Vous reviendrez me voir, quand vous aurez pris ces comprimés.
3. Quand vous aurez fait votre mise en page, vous n'oublierez pas de ...
4. Quand l'agence aura reçu le montant du prix des places, elle enverra les billets.
5. Quand les travailleurs auront fait la grève, les employeurs négocieront ...

18 Das Conditionnel

1.
2. tu te promènerais; 3. il finirait; 4. nous dirions; 5. vous comprendriez; 6. elles pourraient

2.
1. je marcherais; 2. tu te lèverais; 3. elle choisirait; 4. nous lirions; 5. vous boiriez

3.

	aller	être	avoir	faire
je	j'irais	serais	j'aurais	ferais
tu	irais	serais	aurais	ferais
il, elle, on	irait	serait	aurait	ferait
nous	irions	serions	aurions	ferions
vous	iriez	seriez	auriez	feriez
ils, elles	iraient	seraient	auraient	feraient

4.
1. conseil; 2. politesse; 3. futur dans le passé; 4. condition; 5. hypothèse; 6. politesse; 7. conseil; 8. hypothèse; 9. désir/souhait; 10. condition

5.
2. Nous désirerions une chambre ...; 3. Vous pourriez me donner un timbre ?
4. Je souhaiterais recevoir votre documentation. 5. Nous voudrions une nouvelle machine ...
6. Est-ce que vous auriez ... ?

6.
2. Vous devriez manger plus de légumes ... 3. Les enfants devraient boire moins de coca.
4. Nous devrions moins regarder la télévision. 5. Tu devrais arriver à l'heure ...
6. Elle devrait s'inscrire à un club de gymnastique.

7.
2. Une Chinoise aurait battu le record ... 3. D'après Sandra, nous aurions gagné ... 4. Les Lemoine seraient allés au Pakistan ... 5. Il enverrait des méls à tous ses amis pendant ses heures de travail.

8.
1. ferais; 2. j'avais eu; 3. continuera; 4. prendrions; 5. avais demandé; 6. faites; 7. comprendrait; 8. pourrait; 9. es

9.
1. – g; 2. – f; 3. – e; 4. – c; 5. – d; 6. – h; 7. – b; 8. – a

10.
1. ferais; 2. m'achèterais; 3. j'irais; 4. j'apporterais; 5. préparerait; 6. serait; 7. pourrais; 8. j'inventerais; 9. viendraient; 10. organiserions; 11. jouerait; 12. lirais; 13. seraient; 14. serait; 15. m'envieraient; 16. n'est pas

19 Der Subjonctif

1.
2. ranges; 3. jette; 4. achetions; 5. te promènes; 6. commenciez; 7. appelle; 8. vous laviez

2.
1. finisse; 2. choisisses; 3. parte; 4. courrions; 5. disiez; 6. lisent; 7. prennes; 8. vende; 9. doives; 10. buvions; 11. croyiez; 12. voyions

3.
1. aller; 2. faire; 3. falloir; 4. être; 5. avoir; 6. pouvoir; 7. savoir; 8. vouloir

4.
1. – a; 2. – g; 3. – c; 4. – f; 5. – b; 6. – e; 7. – d

5.
2. Il faut que vous vous présentiez à 10h. 3. Il faut que tu prennes l'autoroute ... 4. Il faut que je rende cette analyse ... 5. Il ne faut plus que nous fassions ... 6. Il ne faut pas qu'elle aille ...

6.
2. Nous ne pensons pas que ce projet soit bon pour la région.
3. Ils ne sont pas sûrs que tu comprennes leur situation.
4. Elle ne trouve pas que nous dépensions trop d'argent.
5. Je ne crois pas que ce soit le moment de partir.
6. Nous ne sommes pas certaines que tu aies raison.

7.
1. ayez; 2. arrivent, buvions; 3. était, veuilles; 4. est; 5. fasse, verrons; 6. ne soit pas, fasse; 7. puisse

8.
nous parlions; n'aimez pas; m'ayez donné; arrivez; partez; ne soit pas; arrivions; partions.

20 Der Imperativ

1.
2. Person Sing.: parle; viens; sois; prends; sache; dépêche-toi
1. Person Pl.: allons; partons; ayons; rendons; buvons; amusons-nous
2. Person Pl.: travaillez; finissez; faites; écrivez; croyez; levez-vous

2.
2. Choisis ! 3. Faisons des efforts ! 4. Concentrez-vous ! 5. Ayons confiance. 6. Soyez patient.

3.
2. Ne te dépêche pas. 3. Ne partons pas. 4. N'aie pas peur. 5. Ne perdez pas espoir.
6. Ne nous égarons pas.

4.
2. N'allez pas voir le nouveau film de Luc Besson. 3. Ne le fais pas !
4. Ne vendez pas votre vieille voiture, mais ne la vendez pas !
5. Ne donne pas cette lettre à la voisine, ne la lui donne pas tout de suite !
6. N'allons pas à la piscine, n'y allons pas.
7. Des pommes de terre, ne m'en donnez pas. 8. Ne lui répondez pas par mél. 9. Ne votez pas pour lui !
10. Ne m'envoie pas le contrat par fax. 11. Ne prends pas ..., ne la tourne pas, ne la touche pas.
12. N'y vas pas, ne t'approche pas, ne vas pas la chercher, ne me la rapporte pas !

21 Das Partizip Präsens und das Gérondif

1.
allant; lançant; mangeant; ayant; choisissant; étant; prenant; faisant; voyant; ouvrant; croyant; venant; s'asseyant; lisant; écrivant

2.
2. Ses élèves n'étant pas venus, le professeur est reparti.
3. Bousculant tout le monde, il est vite monté dans le train.
4. La date limite étant dépassée, vous ne pouvez plus vous inscrire.
5. Nous les avons surpris écoutant à la porte.
6. Voyant que je n'y arrivais pas tout seul, il m'a aidé.

3.
2. Il écoute la radio en conduisant.
3. En voyageant, je fais la connaissance de beaucoup de gens.
4. Il rentre chez lui en sifflant une petite mélodie.

4.
2. Il ne faut pas faire de bruit en fermant les portes.
3. Il ne faut pas utiliser trop d'eau en lavant les escaliers.
4. Il faut faire attention en transportant des meubles.
5. Il faut faire attention en arrosant vos plantes du balcon.
6. Veuillez respecter le repos des voisins en ne faisant pas de bruit après 22 heures.
7. En suivant ces petites règles, tout le monde sera content !

22 Das Passiv

1.
2. Le fils de l'ancien Président de la République a été arrêté pour ...
3. Les bijoux de la comtesse de Cavignac seront vendus aux enchères ...
4. Le 31 mars prochain, les dernières usines du spécialiste japonais de l'électronique seront fermées en France.
5. Jeudi dernier, le musée d'Art moderne d'Aix-en-Provence a été cambriolé.
6. Mardi prochain, l'exposition Jean-Baptiste Corot sera inaugurée à l'Hôtel de ville par le maire de Saint-Avran en présence du préfet.
7. Pour la première fois, le Prix Nobel de littérature a été attribué à un écrivain chinois.

2.
2. Le repas est préparé par la mère.
3. Des actes de vandalisme (...) seraient commis par des jeunes.
4. Des colleurs (...) auraient été attaqués par des extrémistes de droite.
5. Le séjour de cinquante jeunes Français en Allemagne a été sponsorisé par l'Office franco-allemand.
6. Tous les poissons rouges du petit Simon avaient été mangés par le chat de Sophie.
7. Le Racing Club a été battu par le PSG par trois buts à zéro.
8. Le cycliste français qui s'était dopé est acquitté par le tribunal de Lille.

3.
2. Les Grands Électeurs ont élu le nouveau président des États-Unis.
3. À Noël, le Père Noël dépose les cadeaux dans les chaussures des petits et des grands.
4. Une commission choisira les sujets d'examens.
5. Le gardien de nuit aurait surpris le voleur.
6. Le froid avait perturbé le trafic ferroviaire.
7. La police avait contrôlé tous les supporters.

4.
1. par; 2. de; 3. par; 4. de; 5. de; 6. par

5.
2. On; 3. te faire (*oder:* te feras); 4. on; 5. se sont fait; 6. se; 7. on

23 Die indirekte Rede

1.
2. Je dis que nous vous avons réservé une chambre avec vue sur la mer.
3. Nous disons que cet été, nous avons eu beaucoup de chance avec le temps.
4. Il dit que l'année prochaine, il ira en vacances chez sa sœur.
5. Elle dit que pour Noël, elle n'a pas eu de stress car elle avait acheté tous les cadeaux début décembre.
6. Je dis que depuis que Valérie a un portable, on ne peut plus discuter normalement avec elle parce que son appareil sonne sans arrêt.

2.
2. J'ai dit que nous vous avions réservé une chambre avec vue sur la mer.
3. Nous avons dit que cet été, nous avions eu beaucoup de chance avec le temps.
4. Il a dit que l'année prochaine, il irait en vacances chez sa sœur.
5. Elle a dit que pour Noël, elle n'avait pas eu de stress car elle avait acheté tous les cadeaux début décembre.
6. J'ai dit que depuis que Valérie avait un portable, on ne pouvait plus discuter normalement avec elle parce que son appareil sonnait sans arrêt.

3.
Il a expliqué qu'il venait de Rennes où il avait été chef de projet ... Il a raconté qu'en ce moment, il s'installait ... et qu'il découvrait Toulouse, une ville qu'il ne connaissait pas. Il a dit que pour lui, le travail d'équipe était primordial et que nous aurions des réunions régulières ... Il a expliqué qu'il tenait à être informé régulièrement ... des différents projets dont nous allions nous occuper ... Il a dit qu'il était sûr que nous ferions du bon travail et qu'il attendait évidemment que chacun s'engage ... Il a dit que nos concurrents étaient forts, et que c'était à nous de prouver que nous étions les meilleurs.

4.
2. Je vous demande si vous avez répondu à la lettre de madame Rieux.
Je vous ai demandé si vous aviez répondu à la lettre de madame Rieux.
3. Il voudrait savoir si vous pouvez lui donner le numéro des Lefèvre.
Il voulait savoir si vous pouviez lui donner le numéro des Lefèvre.
4. Je vous demande quand vous reprenez le travail.
Je vous ai demandé quand vous repreniez le travail.
5. Je veux savoir où il a caché mon chapeau.
Je voulais savoir où il avait caché mon chapeau.

6. J'aimerais bien savoir pourquoi ça fonctionne dans votre magasin et pas chez moi.
Je voulais bien savoir pourquoi ça fonctionnait dans votre magasin et pas chez moi.
7. Ton père voudrait savoir qui tu as invité à ton anniversaire.
Ton père voulait savoir qui tu avais invité à ton anniversaire.
8. Elle demande si elle pourrait sortir une heure plus tôt.
Elle a demandé si elle pourrait sortir une heure plus tôt.

5.
1. Alex répond qu'il ne sait pas encore. Sophie dit que Marie va au cinéma et qu'ils pourraient aller avec elle. Alex répond qu'il n'aime pas beaucoup aller au cinéma avec elle et que la dernière fois, elle a parlé pendant tout le film et qu'il n'a rien compris. Sophie demande à Alex s'il veut aller chez Christian, elle raconte qu'il organise une petite soirée. Alex répond qu'il n'ira certainement pas et que Christian est tellement avare qu'il n'achète que des boissons bon marché. Il dit que quand on sort de chez lui, on a mal à la tête et qu'en plus on a faim. Sophie demande à Alex (*oder:* veut savoir) ce qui lui plairait. Alex répond qu'il est fatigué et qu'il a un examen dans deux jours. Sophie demande pourquoi il ne l'a pas dit tout de suite. Elle dit que dans ces conditions, elle ira au ciné avec Marie et qu'après elles iront certainement chez Christian.
2. Alex a répondu qu'il ne savait pas encore. Sophie a dit que Marie allait au cinéma et qu'ils pourraient aller avec elle. Alex a répondu qu'il n'aimait pas beaucoup aller au cinéma avec elle et que la dernière fois, elle avait parlé pendant tout le film et qu'il n'avait rien compris. Sophie a demandé à Alex s'il voulait aller chez Christian, elle a raconté qu'il organisait une petite soirée. Alex a répondu qu'il n'irait certainement pas et que Christian était tellement avare qu'il n'achetait que des boissons bon marché. Il a dit que quand on sortait de chez lui, on avait mal à la tête et qu'en plus on avait faim. Sophie a demandé à Alex (*oder:* a voulu savoir) ce qui lui plairait. Alex a répondu qu'il était fatigué et qu'il avait un examen dans deux jours. Sophie a demandé pourquoi il ne l'avait pas dit tout de suite. Elle a dit que dans ces conditions, elle irait au ciné avec Marie et qu'après elles iraient certainement chez Christian.

24 Die Verneinung

1.
2. Elle ne se promène pas dans la neige car elle n'aime pas l'hiver.
3. Samedi, nous ne partons pas à Strasbourg et nous ne pourrons pas vous emmener.
4. Les boulangeries ne sont pas ouvertes le dimanche.
5. Je n'ai pas fait les courses et je n'ai pas préparé le dîner.
6. Hier soir, nous n'avons pas regardé la télévision et après nous n'avons pas joué aux cartes.

2.
2. Non, je n'ai plus de crème fraîche. 3. Non, je n'ai plus d'olives vertes.
4. Non, je n'ai plus de blanquette de veau. 5. Non, je n'ai plus de sucre candis.

3.
2. Non, je n'ai rien acheté en ville. 3. Non, ils ne sont plus là. 4. Non, ils ne sont pas encore partis.
5. Non, je ne fais pas beaucoup de sport. 6. Non, personne n'a téléphoné en ton absence. 7. Non, elle ne sort jamais (*oder:* pas souvent) le soir. 8. Non, je n'ai pas encore fini mes préparatifs pour le réveillon de Noël.

4.
3. Moi non plus. 4. Moi aussi. 5. Moi aussi. 6. Moi non plus. (*oder:* Nous non plus.) 7. Moi aussi.

5.
3. Moi si. 4. Moi non./Pas moi. 5. Moi non./Pas moi. 6. Moi si./Nous si. 7. Moi non./Pas moi.

6.
Non la mer, ce n'est pas beau.
Mais non, ce n'est pas une mouette.
Non, ces vacances, ce ne sont pas nos plus belles vacances.
Mais non, ce n'est pas un bébé crabe.
Et bien avec toi, les vacances, ce n'est vraiment pas agréable !

7.
1. Je ne lui ai pas dit. 2. Tu n'aurais pas dû le faire. 3. Il ne me l'a pas donné.
4. Nous ne le trouverons pas. 5. Je n'y suis pas allé en bateau.
6. Nous n'en avons pas mangé. 7. Ils n'en prennent pas tous les jours.
8. Je ne voudrais pas les voir.

8.
1. Ne marchez pas sur le tapis rouge. 2. Ne pas prendre un comprimé tous les jours. 3. Ne tourne pas à droite. 4. Ne pas fermer les fenêtres. 5. Ne viens pas avant 8h. 6. Ne vous asseyez pas sur le divan. 7. Ne pas éteindre les lumières avant de partir. 8. Ne vous dépêchez pas. 9. Prière de ne pas se garer au sous-sol.

25 Das Adverb

1.
brillamment; chaudement; doucement; évidemment; faiblement; gentiment; hautement; insensiblement; joliment; lentement; méchamment; naïvement; ordinairement; paisiblement; quotidiennement; rarement; sagement; tardivement; utilement; véritablement; vraiment

2.
2. Tu expliques calmement. 3. Elle conduit prudemment. 4. Elle me le demande gentiment. 5. Il ferme la porte violemment. 6. Ils entrent silencieusement. 7. Il la regarde amoureusement. 8. Elles écoutent attentivement. 9. Elle a sauté courageusement. 10. Il a repoussé le chien brutalement.

3.
2. Ce repas était bien bon. 3. Il a été très surpris. 4. Je suis arrivé hier.
5. Nous allons souvent au cinéma. 6. Ça lui a fait tellement peur.
7. Tu as déjà fini ? 8. Je suis arrivé en retard mais heureusement, le train n'était pas encore parti.
(*Oder:* Je suis encore arrivé en retard mais heureusement, le train n'était pas parti.)

4.
La T500 consomme plus que la RX.
La RX consomme le moins. La T500 consomme le plus.
La RX coûte autant que la 210. La T500 coûte le plus cher.
La RX tient aussi bien la route que la 210.
La T500 tient le mieux la route.
La 210 roule plus vite que la RX mais moins vite que la T500.
La RX roule le moins vite. La T500 roule le plus vite.

5.
1. bon, meilleur; 2. mieux; 3. bien, mieux; 4. bonnes, meilleures

6.
1. bien, mal, mauvais; 2. mal, mauvais, bon, bien; 3. bien, bon; 4. bien, bien, mal, pire

26 Die Präpositionen

1.
Je vais en Italie, au Maroc, aux États-Unis, à Toulouse, en Bretagne, aux Antilles, en Bourgogne, à Marseille, au Canada.

2.
1. Chez; 2. dans; 3. parmi; 4. dans; 5. sur; 6. sur; 7. aux; 8. au; 9. sous

3.
1. à; 2. à; 3. de; 4. aux; 5. de; 6. de, à; 7. de; 8. de, au

4.
1. à, à; 2. Après; 3. de, à; 4. depuis; 5. dans

5.
1. brosse à dents; 2. crème à raser; 3. eau de toilette; 4. trousse de toilette; 5. chaussures noires à lacets; 6. stylo à plume; 7. carte d'assurance maladie; 8. cartes de crédit; 9. carte d'identité; 10. billet d'avion; 11. carnet d'adresses

6.
1. se trouve en face de la poste, de la banque, de la gare.
2. près du cinéma Lux, du Théâtre Marigny, du parc.
3. devant l'ascenseur, l'Arc de Triomphe, l'hôtel Majestic, l'école.

7.
1. au-dessus de; 2. à côté de; 3. En-dessous de; 4. en face de; 5. loin d', près du; 6. au bout de, à gauche

27 Die Konjunktionen

1.
1. et; 2. car; 3. ou; 4. donc; 5. mais; 6. ni

2.
1. opposition; 2. choix; 3. énumération; 4. conséquence; 5. négation; 6. cause

3.
1. – c; 2. – d; 3. – g; 4. – h; 5. – a; 6. – b; 7. – e; 8. – f

4.
1. parce que; 2. bien que; 3. pour que (*oder:* afin que); 4. de sorte que; 5. Quand; 6. de sorte que; 7. parce que; 8. Comme

5.
1. n'ai pas; 2. ne soient pas; 3. fasse; 4. a couru; 5. ne fumes plus; 6. fais

6.
1. Parce que; 2. Comme; 3. Bien que; 4. Puisque; 5. Comme; 6. puisque; 7. depuis que

Grammatische Fachausdrücke

Fachausdruck	Bezeichnung	Beispiel
Adjektiv	Eigenschaftswort; *adjectif*	*sympathique, agréable;* sympathisch, angenehm
Adverb	Umstandswort; *adverbe*	*elle conduit* ***vite***, sie fährt schnell
Aktiv	Tätigkeitsform; *forme active*	*j'ai voté,* ich habe abgestimmt
Artikel	Geschlechtswort; *article*	***le*** *livre,* ***un*** *journal;* das Buch, eine Zeitung
bestimmter Artikel	*article défini*	***le*** *cinéma,* ***la*** *lettre;* das Kino, der Brief
Conditionnel	Bedingungsform	*il donnerait,* er würde geben
Demonstrativ-pronomen	hinweisendes Fürwort; *adjectif démonstratif* *pronom démonstratif*	 ***ce*** *livre*, dieses Buch ***celui-ci***, dieses
Futur I	erste Zukunft; *futur simple*	*je parlerai,* ich werde sprechen
Futur II	zweite Zukunft; *futur antérieur*	*je serai sorti,* ich werde ausgegangen sein
Gérondif		*en regardant,* beim Sehen
Imparfait	Zeit der Vergangenheit	*il donnait,* er gab/hat gegeben
Imperativ	Befehlsform; *impératif*	*regarde !* schau mal!
Indefinit-pronomen	unbestimmtes Fürwort; *pronom indefini*	*tout,* alles; *adjectif indefini: chaque jour,* jeder Tag
Indikativ	Wirklichkeitsform; *indicatif*	*je suis allé,* ich bin gegangen/gefahren
indirekte Rede	wiedergegebene Rede; *discours indirect*	*je dis que mon frère arrive demain;* ich sage, dass mein Bruder morgen kommt
Infinitiv	Grundform; *infinitif*	*aller, parler, voir;* gehen, sprechen, sehen
Konjunktion	Bindewort; *conjonction*	*et, mais, ou;* und, aber, oder
Partizip (Perfekt)	Partizip II, Mittelwort der Vergangenheit; *participe passé*	*acheté,* gekauft
Partizip Präsens	Partizip I, Mittelwort der Gegenwart; *participe présent*	*marchant,* laufend

Fachausdruck	Bezeichnung	Beispiel
Passé composé	Zeit der Vergangenheit	*il a donné*, er gab/hat gegeben
Passiv	Leideform; *forme passive*	*les lignes sont coupées*, die Leitungen werden unterbrochen
Personal-pronomen	persönliches Fürwort; *pronom personnel*	*je, tu, le;* ich, du, ihn
Plural	Mehrzahl; *pluriel*	*les livres*, die Bücher
Plusquamperfekt	Vorvergangenheit; *plus-que-parfait*	*j'avais preparé*, ich hatte vorbereitet
Präposition	Verhältniswort; *préposition*	*à, pour, avec;* nach, für, mit
Präsens	Gegenwart; *présent*	*vous parlez*, Sie reden, ihr redet
Pronomen	Fürwort; alleinstehend *pronom* beim Substantiv *adjectif*	 *nous, celui-ci, la mienne;* wir, uns, dieser hier, meine ***ces** livres*, diese Bücher, ***mon** chien*, mein Hund
Pronominal-adverb	*adverbe pronominal*	*y, en*
Reflexiv-pronomen	rückbezügliches Fürwort; *pronom réfléchi*	*il **se** lave*, er wäscht sich
Relativpronomen	bezügliches Fürwort; *pronom relatif*	*le livre **que** j'ai acheté;* das Buch, das ich gekauft habe
Relativsatz	bezüglicher Nebensatz; *phrase relative*	*le livre **que j'ai acheté ...***, das Buch, das ich gekauft habe ...
Singular	Einzahl; *singulier*	*un livre*, ein Buch
Subjonctif	Möglichkeitsform	*j'aimerais que tu m'**aides***, ich hätte gern, dass du mir hilfst
Substantiv	Hauptwort; *nom*	la **table**, der Tisch
Teilungsartikel	*article partitif*	***du** pain, **de la** musique;* Brot, Musik
unbestimmter Artikel	*article indéfini*	***un** livre, **une** lampe;* ein Buch, eine Lampe
Verb	Zeitwort; *verbe*	*chanter, parler;* singen, sprechen